सन्धिनी

सन्धिनी

महादेवी वर्मा

लोकभारती प्रकाशन

लोकभारती प्रकाशन
पहली मंजिल, दरबारी बिल्डिंग, महात्मा गांधी मार्ग
प्रयागराज-211 001
वेबसाइट : www.lokbhartiprakashan.com
ईमेल : info@lokbhartiprakashan.com
शाखाएँ : 1-बी, नेताजी सुभाष मार्ग, दरियागंज
नई दिल्ली-110 002
अशोक राजपथ, साइंस कॉलेज के सामने
पटना-800 006
1, अनमोल सोराबजी संतुक लेन, धोबी तलाव,
मरीन लाइंस, मुम्बई-400 002

पहला सजिल्द संस्करण : 2011
तीसरा सजिल्द संस्करण : 2024

मूल्य : ₹ 695

बी.के. ऑफसेट
नवीन शाहदरा, दिल्ली-110 032
द्वारा मुद्रित

SANDHINI
by Mahadevi Verma

ISBN : 978-81-8031-618-0

चिन्तन के क्षण

युग-बोध तथा काव्य-बोध

विश्व की समस्त रूपात्मक तथा जैवी विवृत्ति अणु-परमाणु के विशेष संघटन का परिणाम है और इस संघटन की ऊर्जा की न्यूनाधिक मात्रा में ही जीवन के सचेतन, प्रसुप्त चेतन, अवचेतन आदि रूपों की स्थिति सम्भव है।

यह निष्कर्ष दर्शन का तार्किक सत्य ही नहीं, विज्ञान की अनुसन्धानिक उपलब्धि भी है।

मानव-जीवन में अणु-परमाणुओं की संघटन-ऊर्जा अत्यन्त रहस्यमय तथा जटिल रूपों में परिवर्तित होती रहती है। मानव एक विशेष भौतिक परिवेश में ही नहीं, सचेतन परिवेश में भी विकास पाता है, अतः उसके जीवन का, प्रत्यक्ष-अप्रत्यक्ष, स्थूल-सूक्ष्म, सरल-जटिल दो विपरीत छोरों की ओर आकर्षित रहना स्वाभाविक ही नहीं, अनिवार्य कहा जायेगा।

गति या क्रियाशीलता जीवन का धर्म है, चाहे वह ऊर्ध्व हो, जाहे सम, चाहे अधः। और यह क्रियात्मक गतिशीलता किसी अन्य को स्पर्श किये बिना सम्भव नहीं होती। स्पर्श का परिणाम क्रिया-प्रतिक्रियात्मक होने के कारण वह अनन्त विविधता का सृजन करता चलता है।

जल की जलीयता विशेष प्राकृतिक संघटन की परिणति है और उनकी गति की क्रिया-प्रतिक्रिया से अनेक परस्पर भिन्न तथा विपरीत रूपों का संघटन होता चलता है। उसके तरल स्पर्श से कठिन शिलाएँ कटकर कणों में परिवर्तित हो सकती हैं और कण-कण जुड़कर शिला का रूप पा सकते हैं।

मनुष्य का जीवन भी अपने अन्तः-बाह्य परिवेशों से क्रिया-प्रतिक्रियात्मक सम्पर्क स्थापित करता हुआ ही गतिशील है।

विशेष विकासक्रम में उसकी क्रियाशीलता इतनी जटिल और रहस्यमयी रही है कि एक-एक सहज प्रवृत्ति का प्रसार सहस्त्र-सहस्त्र अर्जित प्रवृत्तियों में हो गया है और अब एक को दूसरे से भिन्न करना भी एक विशेष शोध की अपेक्षा रखता है। जैसे एक वटवृक्ष की शाखाएँ आकाश की ओर चढ़ती हैं तथा जटाएँ धरती के अन्तराल में उतरती हैं, वैसे ही मानव की प्रवृत्तियाँ मूलतः एक होकर भी सर्वथा विपरीत दिशाओं में विकासात्मक प्रसार करती हैं।

प्राणिमात्र को अपने परिवेश का परिचय प्रकृतिदत्त करणों (इन्द्रियों) द्वारा ही प्राप्त होता है, परन्तु यह भी सत्य है कि उसे अपने दोहरे परिवेश के दोहरे परिचय के लिए कोई ऐसी वृत्ति-विशेष या कारण-विशेष प्राप्त है, जो इन्द्रियों के समान प्रत्यक्ष नहीं।

मानवेतर जीवन में भी यह सहज वृत्ति उसकी आत्मरक्षात्मक गतिशीलता में निरन्तर सहायक रहती है। जो सहज वृत्ति शील के अभाव में भी उसके आगमन की पूर्व सूचना देकर कुछ पक्षियों को उष्ण भू-खण्डों में प्रवास की प्रेरणा देती है, जो प्रकृति की निःस्तब्धता में भी, आनेवाली आँधी की चाप सुनाकर पशु-पक्षियों को आत्मरक्षा की ओर प्रेरित करती है, वह इन्द्रियों के समान प्रत्यक्ष नहीं है।

मानव तक पहुँचते-पहुँचते यह सहज़ चेतना कितनी गहराई और विस्तार पा गयी होगी इसका अनुमान कठिन नहीं है। मनुष्य की दोहरी विकासात्मक गति केवल प्रत्यक्ष इन्द्रियजन्य ज्ञान से सीमित नहीं हो सकती। परिणामतः अपने अन्तः-बाह्य विकास के लिए उसे सभी प्रत्यक्ष-अप्रत्यक्ष करणों का सहयोग लेना पड़ा, तो आश्चर्य नहीं।

अपने मानसी या भौतिक परिवेश की क्रिया-प्रतिक्रिया के ग्रहण-सम्प्रेषण के लिए उसके पास बुद्धि और हृदय की ऐसी रहस्यमयी वृत्तियाँ हैं, जो उसकी शारीरिक-मानसिक समस्त क्रियाशीलता को सञ्चालित करते हुए भी स्वयं अप्रत्यक्ष रहती हैं।

जीवन की क्रिया-प्रतिक्रिया-जनित किसी भी भौतिक या मानसिक स्थिति की सुखात्मक या दुःखात्मक अनुभूति हृदय का धर्म है और उसका मूल्यात्मक ज्ञान बुद्धि का अधिकार।

काव्य वास्तव में मानव के सुख-दुःखात्मक संवेदनों की ऐसी कथा है, जो उक्त संवेदनों को सम्पूर्ण परिवेश के साथ दूसरे की अनुभूति का विषय बना देती है। परन्तु यह ग्रहण-सम्प्रेषण बुद्धि के सहयोग की भी विशेष अपेक्षा रखता है। किसी विक्षिप्त व्यक्ति के सुख-दुःखात्मक संवेदन उसी रूप में अन्य व्यक्तियों की अनुभूति का विषय नहीं बन पाते, क्योंकि संवेदन की सारी तीव्रता के साथ भी उसका बौद्धिक विघटन संवेदन की संश्लिष्टता को विघटित कर देता है। परिणामतः उसके सुख-दुःख से वाञ्छित तादात्म्य न होने के कारण श्रोता या दर्शक के हृदय में सर्वथा विपरीत भाव उदय हो जाते हैं; यथा उसके हँसने पर करुणा, रोने पर हास्य।

वस्तुतः काव्य, बुद्धि के आलोक में संवेदनाओं का सम्प्रेषण है। मानव के जितने सृजन हैं, कविता उनमें सबसे अधिक रहस्यमय सृजन है, जिसमें उसके अन्तःकरण का संगठन करनेवाले सभी अवयव मन, चित्त, बुद्धि और अहंकार एक साथ सामञ्जस्यपूर्ण स्थिति में कार्य करते हैं।

अन्तःकरण का संगठन करनेवाले अवयवों में मन, जो कार्य की दृष्टि से उभयेन्द्रिय माना जाता है, समस्त संकल्प-विकल्पों का कारण है और संकल्प-विकल्प के अभाव में किसी प्रकार की क्रिया-प्रतिक्रिया सम्भव नहीं रहती। चित्त, धारणा या स्मृति से सम्बन्ध रखता है, जिसके संरक्षण के बिना मनुष्य के बौद्धिक तथा संवेदनजन्य संस्कार पानी पर खींची लकीर के समान मिटते जाते हैं।

बुद्धि संकल्प-विकल्प की नाप-जोख और मूल्यांकन करनेवाली निर्णयात्मिका वृत्ति है, जो स्वयं सर्जनात्मिका न होने पर भी सर्जन तत्त्वों की रेखाओं को उद्‌भासित और इस प्रकार सञ्चालित करती चलती है।

अहंकार द्वारा हमें ऐसा आत्मबोध प्राप्त होता है, जिसके अभाव में व्यक्ति-सत्ता और समष्टि-सत्ता में मानवीय आस्था सम्भव नहीं रहती।

अन्तःकरण की इन विभिन्न वृत्तियों के सम्मिलित निर्माण की विशेषता एक ऐसी सामञ्जस्यपूर्ण स्थिति पर निर्भर रहती, जो सामान्य नहीं कही जा सकती। यह स्थिति जितनी पूर्ण होगी, उसका निर्माण उतना ही जीवन को सब ओर से स्पर्श करनेवाला और युग-युगान्तरगामी होगा।

काव्य की पूर्णता में अनेक पूर्वरागों का संस्कार प्रतिफलित होता रहता है।

पारदर्शी शीशे के अनेक आवरणों में से हम एक ही वस्तु को एक साथ समीप और दूर देखते हैं। बहुत-कुछ ऐसी ही स्थिति काव्य-बोध की है। समय के पारदर्शी स्तरों में मानव के संवेगात्मक संस्कार इस प्रकार प्रतिफलित होते रहते हैं कि अखण्ड काल से युग-विशेष को पृथक् करनेवाली दृष्टि ही उन्हें जोड़ने लगती है।

वस्तुतः अखण्ड समय को हमने अपने संवेगों के आविर्भाव-तिरोभाव से नापा है और अपने घटित वृत्तों में विभाजित किया है। जो घटित हो चुका है; वह अतीत है, जो घटित हो रहा है, वह वर्तमान है और जिसके घटित होने का हमें अनुमान है, वह भविष्य है।

परन्तु काव्य-दृष्टि, समय की खण्डशः स्थिति को अपनी सीमा नहीं मानती। वह एक संवेदन से चलकर संवेदन-संसृति के चरम बिन्दु तक पहुँच जाती है। नदी-तट के एक छोर पर बैठकर हम यदि उसके जल में हाथ डुबोते हैं, तो वह सम्पूर्ण नदी का स्पर्श है, जल के अंश-विशेष का नहीं।

काव्य का सत्य युग-विशेष को स्पर्श करके ही युग-युगान्तर को छू लेता है, अतः उसकी सार्थकता के लिए समय का अखण्ड विस्तार अनिवार्य ही रहेगा।

यदि एक उग्र मनोविकार, युग-विशेष में जीवित एक ही मानव में उत्पन्न और तिरोहित हुआ है, तो काव्य के लिए न वह भीषण है, न उग्र। इसी प्रकार यदि एक कोमल मनोविकार युग-विशेष में किसी एक व्यक्ति में सीमित रहा हो, तो वह काव्य के लिए आकर्षण नहीं रखता।

वस्तुतः काव्य के लिए वे ही संवेदन, वे ही मनोविकार महत्त्व रखते हैं, जो जीवन की युग-युगान्तर दीर्घ यात्रा में नव-नव रूपों में परिवर्तित और संस्कृत होते चले आ रहे हैं।

मनोविकारों का वाहक ही नहीं, संस्कारक भी होने के कारण काव्य, युग-विशेष में सीमित नहीं हो पाता। कोई ऐसा मानवीय संवेदन या कोई ऐसी मानसिक

या बौद्धिक विकास-पद्धति सम्भव नहीं, जो अपने पूर्व रूप या भावी परिणति के साथ मध्यस्थिति न रखती हो। जो मध्यस्थिति को स्वीकृति देता है, वह उसकी पूर्वापर स्थितियों को भी स्वीकृति देने के लिए बाध्य है।

इसके विपरीत युग-बोध विशेष समय-खण्ड में सीमित रहकर ही अपना परिचय देने में समर्थ है।

युग-बोध के लिए तात्कालिक सीमाएँ अनिवार्य हैं, परन्तु, काव्य-बोध की सार्थकता उसकी बन्धन मुक्ति में ही रहती है।

इसका यह तात्पर्य नहीं कि काव्य युग-बोध से शून्य रहता है। एक विशेष युग और विशेष परिवेश में जीवित व्यक्ति सर्वप्रथम अपनी ही परिस्थितियों से प्रभावित और सञ्चालित होता है। उसकी क्रिया-प्रतिक्रिया, ग्रहण-सम्प्रेषण भी अपने परिवेश में ही सम्भव है, परन्तु उसकी यह युग-सीमित क्रियाशीलता जीवन के व्यापक विस्तार में भी स्थिति रखती है। धरती की आर्द्र हरीतिमा में खिला फूल धरती के सिकता-विस्तार में भी खिला है। अन्तर केवल उस दृष्टि में है जो विस्तार को नाप नहीं पाती। काव्य-दृष्टि किसी वस्तु या घटना को पूर्वापर सम्बन्धों में रखकर देखती है, अतः उसके निकट युग-विशेष की अभिव्यक्तियाँ अतीत और अनागत युगों के सत्य को भी व्यक्त करने में समर्थ हैं। किसी भी युग की घटना, किसी भी युग का संवेदन कवि के लिए त्याज्य नहीं होता, क्योंकि वह उसके माध्यम से अपने युग-सत्य को कालातीत विराट् सत्य से जोड़कर उसे नूतन रूप में अवतरित करने की क्षमता रखता है। राम की कथा हर युग में काव्य का विषय रही है, परन्तु युग-सत्य के साथ उसे जो रूप मिलता रहा है, वह सर्वथा नवीन है। सामान्य जीवन में भी एक वृत्त या घटना, कहनेवालों की मानसिक स्थितियों के अनुसार कितने भिन्न रूप पा लेती हैं, यह नित्य अनुभव का विषय है।

कवि का मानसिक गठन तथा उसकी क्रिया-प्रतिक्रिया, अधिक व्यापक फलक पर स्थिति रखती है, अतः उसका काव्य व्यक्तिगत रुचिमात्र नहीं रह जाता।

अनुभूति, स्वानुभूति और काव्यानुभूति

जीवन अनुभूतियों की संसृति है। मानव का अपने परिवेश से सम्पर्क किसी-न-किसी सुखात्मक या दुःखात्मक अनुभूति को जन्म देता है और इन संवेदनों पर बुद्धि की क्रिया-प्रतिक्रिया मूल्यात्मक चिन्तन के संस्कार बनाती चलती है। विकास की दृष्टि से संवेदन चिन्तन के अग्रज रहे हैं, क्योंकि बुद्धि की क्रियाशीलता से पहले ही मनुष्य की रागात्मिका वृत्ति सक्रिय हो जाती है।

बालक आलोक और अन्धकार का कारण जानने के पहले ही उनकी स्थिति से क्रमशः सुखात्मक और दुःखात्मक संवेदन प्राप्त करने लगता है, जिनकी शब्दहीन अभिव्यक्ति उसके ह्रास और रोदन में होती रहती है।

जब मनुष्य दुःखात्मक संवेदनों से दूर रहने का प्रयास करता है और सुखात्मक संवेदनों की आवृत्ति चाहता है तब बुद्धि की क्रियाशीलता उसकी सहायक होती है।

सामान्यतः अनुभूति तो किसी व्यक्ति की ही होती है, परन्तु स्वानुभूति में विशेष मानसिक स्थिति भी संकेतित है।

अनुभूति बालक की भी हो सकती है, जिसका मानसिक विकास न हुआ हो और ऐसे व्यक्ति की भी हो सकती है, जिसका मानसिक विघटन हो चुका हो। परन्तु स्वानुभूति के लिए ऐसा मानसिक परिवेश अनिवार्य रहता है, जिसमें हम किसी सुख-दुःखात्मक संवेदन या मनोराग को निज का स्वीकार करते हैं। स्वानुभूत सत्य केवल सत्य की अनुभूति ही नहीं, वरन् अपने विशेष मानसिक परिवेश में परीक्षित स्वीकृत सत्य है।

मनुष्य सामाजिक प्राणी होने के कारण अपने समानधर्मा व्यक्तियों के सुख-दुःख से किसी सीमा तक सुखी या दुःखी होता है, परन्तु इस सहानुभूति का मार्ग स्वानुभूति के मार्ग के समान सरल नहीं। कभी स्वार्थों के संघर्ष के कारण, कभी अनभ्यास से, कभी अतिशय अहं के कारण, कभी जीवन के प्रति विशेष वीतरागिनी दृष्टि के कारण हमारी रागात्मक वृत्तियाँ कुण्ठित हो जाती हैं। समाज में ऐसे व्यक्तियों की संख्या कम नहीं, जिनके हृदय में किसी के सुख-दुःख से तादात्म्य करने की क्षमता शेष नहीं रह गयी है। ऐसी अवस्था में समाज की मनःस्थिति कुतूहली भीड़ के समान हो जाती है, जिसके लिए क्रूरता भी विनोद का साधनमात्र रह जाती है।

काव्यानुभूति में हमारी बुद्धि और रागात्मक वृत्ति एक ऐसे बिन्दु पर मिलती है, जिसमें अपने परिवेश तथा निजत्व से हमारी तटस्थता स्वाभाविक तथा काव्यगत जीवन के प्रति हमारे महत्त्वपूर्ण पूर्वराग की स्थिति सहज हो जाती है।

अपनी उत्कृष्टता में काव्य-सृजन परम रहस्यमय तथा चमत्कारिक सृज़न है। काव्य-सृजन में कवि की मानसिक क्रियाओं, उसके अनुभव, कल्पना, शब्द-योजना आदि द्वारा जीवन का ऐसा संयोजन होता है, जो पाठक के अन्तर्जगत् में प्रतिफलित होते ही विशाल और सजीव हो उठता है।

काव्य-कृति में मनुष्य का अहं अपनी कठिन रेखाएँ गलाकर विस्तार ही नहीं पाता, वह एक अनिर्वचनीय मुक्ति का आनन्द भी प्राप्त करता है।

काव्य का सत्य और यथार्थ

व्यवहार-जगत् में यथार्थ शब्द से हमारा अभिप्रेत किसी वस्तु या घटना का वही रूप रहता है, जिसका हमें प्रत्यक्ष ज्ञान हो।

परन्तु सत्य की स्थिति इससे विपरीत है, क्योंकि वह इन्द्रियों की सीमा से परे स्वतः उद्भासित रहता है।

विविध रूपात्मक जगत् हमारी दृष्टि की सीमा में प्रत्यक्ष है, परन्तु उसमें अन्तर्निहित तत्त्वगत एकता ऐसा सत्य है, जो प्रत्यक्ष न होने पर भी, हमारी अन्तश्चेतना के निकट अपने अस्तित्व को प्रमाणित कर देता है।

यथार्थ का यथातथ्य ज्ञान भी सन्दिग्ध ही रहता है। आकाश की महाशून्यता में कोई रंग न होने पर भी हमारी दृष्टि उसमें गहरी नीलिमा भी देख लेती है और प्रभात-सन्ध्या वेला में रंगों का ज्वार भी।

प्रत्येक वस्तु भिन्न कोण से भिन्न दिखायी दे सकती है। दृष्टि की अपूर्णता भी प्रत्यक्ष ज्ञान को प्रभावित करती है। और दृष्टि के सहायक यन्त्र भी। जब प्रत्यक्ष ज्ञान की ऐसी स्थिति है, तब अन्य ज्ञानेन्द्रियों द्वारा अर्जित ज्ञान की यथार्थता के विषय में कुछ कहना ही व्यर्थ है।

सामान्यतः साहित्य और विशेषतः काव्य यथार्थ और इतिवृत्त को इतना महत्त्व नहीं देता जितना-व्यवहार-जगत् में सम्भव है। यह स्वभाविक भी है, क्योंकि काव्य न इतिहास के समान घटनाओं और तिथियों का कोष है और न दर्शन-विज्ञान आदि के समान ऐसे सिद्धान्तों का संग्रह, जो अनन्त प्रयोगों द्वारा अपने-अपने अस्तित्व को प्रमाणित करने की प्रतीक्षा में ही जीर्ण-शीर्ण हो जाते हैं।

काव्य का सत्य तो तीव्र संवेदनों की तरल-उज्ज्वल ज्वाल में गल-गलकर रूप और जीवन की ऊष्मा से स्पन्दन पाता है।

कवि जिस सत्य को अपनी अनुभूति में जी लेता है, उसी को, दूसरों को जीने के लिए देता है। इस सत्य को न जरा का भय है, न मरण का, प्रत्युत वह काव्य की आत्मा बनकर अनन्त संवेदन-संसृति में सञ्चरण करता हुआ नव-नव जीवन-ऊष्मा प्राप्त करता रहता है।

इसके अतिरिक्त कवि सत्य के अनेक व्यक्त-अव्यक्त खण्डों को जोड़कर एक सम्पूर्ण और यथार्थ मूर्ति गढ़ता है। वह मिथ्या नहीं होती, केवल विशेष काल-खण्ड की सीमा में खड़े होकर हम उससे अखण्ड सौन्दर्य को दृष्टि का विषय नहीं बना पाते।

काव्य में कल्पना की क्या स्थिति रही है, यह जिज्ञासा भी स्वाभाविक है। वस्तुतः कल्पना ऐसी अनुरञ्जनशील विधायक वृत्ति है, जिसके द्वारा हम सम्भाव्य, किन्तु अभीप्सित वस्तु का मानसिक अंकन करते हैं। इस दृष्टि से सभी स्थूल-सूक्ष्म निर्माणों में उसका न्यूनाधिक उपयोग आवश्यक रहेगा ही। मानसी संयोजन के अभाव में वस्तु-जगत् में किसी प्रकार का संयोजन असम्भव नहीं, तो कठिन अवश्य हो जाता है।

परन्तु पूर्णतम विधायक कल्पना भी, अपूर्ण अनुभूति का स्थान लेने में समर्थ नहीं, क्योंकि उसमें रागात्मक तीव्रता और संवेदनीयता सम्भव नहीं रहती।

हमें कल्पना-विधान में अनुरञ्जन प्राप्त हो सकता है; एक प्रकार की बौद्धिक तन्मयता की उपलब्धि हो सकती है, परन्तु कल्पना-विधान की रेखाओं के बीच किसी तीव्र मनोवेग का उद्वेलन सम्भव नहीं रहता।

मनोवेगों के आरोह-अवरोह में उनके आधारों का संयोजन हमारी भावना करती है, जो कल्पना से अधिक स्थिर और कोमल वृत्ति है। मन की एकाग्रता के लिए भी आन्तरिक या बाह्य आधार या अवलम्बन भावना द्वारा ही प्रस्तुत किये जाते हैं, कल्पना द्वारा नहीं। भक्त अपने इष्ट की भावना करता है, कल्पना नहीं।

काव्य की भाषा

मनुष्य को मनोविकार और विचार प्रकृति से प्राप्त हुए हैं, परन्तु उन्हें व्यक्त करने का साधन भाषा स्वयं उसका सृजन है। आदिम जीवन से आज तक उसकी जो सर्जनात्मक उपलब्धियाँ हैं, उनकी दीर्घ सूची में भाषा सबसे महत्त्वपूर्ण आविष्कार और सबसे स्थायी सामाजिक कर्म है।

धर्म, नीति, दर्शन आदि ने अपने-अपने सिद्धान्तों की व्याख्या में प्रयुक्त शब्दावली को विशेष पारिभाषिक रूप दे डाला।

प्रयोग के परिवर्तनशील सन्दर्भों में शब्दों का कभी रूप-परिवर्तन हुआ, कभी अर्थ-परिवर्तन, कभी अर्थ-गौरव बढ़ा और कभी घटा।

परन्तु इस विभाजन-समारोह में साहित्य या काव्य ने शब्दों पर न अपना कोई दावा प्रस्तुत किया, न कोई अधिकार-पत्र माँगा।

वास्तव में साहित्य जीवन को ऐसी समग्रता में स्वीकृति देता है कि ऐसी सीमित माँग के लिए अवकाश ही नहीं रहता।

दर्शन दर्शनशास्त्रियों या दर्शन के जिज्ञासुओं के लिए लिखा जायगा, अर्थशास्त्र अर्थशास्त्रियों तथा अर्थशास्त्र के जिज्ञासुओं के लिए। यही स्थिति ज्ञान-विज्ञान की अन्य शाखाओं के लिए भी अनिवार्य रहेगी। परिणामतः इनके लिए एक विशेष पारिभाषिक शब्दावली निर्मित होती गयी। साहित्य की स्थिति इससे भिन्न है, क्योंकि वह सबका और सबके लिए रहेगा— कथ्य की दृष्टि से भी, भाषा की दृष्टि से भी। भाषा की किसी संकीर्ण सीमा में आबद्ध होकर वह अपना लक्ष्य ही खो देता है। इसके अतिरिक्त शैली की दृष्टि से भी एक साहित्यकार दूसरे से भिन्न रहता है और यह शैलीगत भिन्नता विशेष शब्द-चयन पर निर्भर है। एक ही संस्कृत भाषा में लिखने के कारण कालिदास और भवभूति एक नहीं हो गये।

भाषा-सम्बन्धी मुक्ति किसी साहित्यकार के कर्त्तव्य को सरल नहीं बनाती, क्योंकि अपने सृजन में विशेषता लाने के लिए उसे शब्द-समुद्र में बार-बार डूबकर ऐसे महार्घ शब्द चुनने पड़ते हैं, जिनसे उसके सृजन को अन्य सृजनों से भिन्न व्यक्तित्व भी प्राप्त हो सके और उसका कथ्य अपनी सम्पूर्ण मर्मस्पर्शिता के साथ सम्प्रेषणीय भी बन सके।

वस्तुतः भाषा का सम्बन्ध मनुष्य के अन्तःकरण से होने के कारण वह उसके सम्पूर्ण भाव-जगत् का सञ्चालन करने की क्षमता रखती है, जिसकी गति की दिशा मनुष्य की क्रियाशीलता को प्रभावित किये बिना नहीं रहती।

उपयोग की विविधता के कारण एक शब्द द्वारा अनेक अर्थों का बोध भी सहज हो गया और भिन्न अर्थों का बोध करनेवाली शब्द-शक्तियाँ भी निश्चित रूपरेखा में बँध गयीं।

मनुष्य अपने भाव या विचार दूसरे मनुष्य के अन्तःकरण में प्रतिफलित करना चाहता है और इस संक्रमण की सफलता भावानुकूल शब्दावली, अभिव्यक्ति की शैली तथा शब्दों की प्रभविष्णु शक्ति पर निर्भर रहती है।

वक्ता की मानसिक क्रिया के उत्तर में श्रोता की मानसिक प्रतिक्रिया अनिवार्य है, जो कभी सधर्म्य, कभी वैधर्म्य और कभी उदासीन हो सकती है। श्रोता में जो भाव उस समय जाग्रत नहीं है, उसकी स्थिति को सम्भव करने के लिए, अभिव्यक्ति की पृष्ठभूमि में वक्ता की मानसिक क्रिया का सत्य और अनुकूल भाषा में संयुक्त होना आवश्यक रहता है। यह भी सम्भव है कि तीव्र भावावेश में मनुष्य उस भाव की अभिव्यक्ति में असमर्थ रहे और उसका भाव, विशेष इंगितों तथा कायिक चेष्टाओं में बिखरकर समाप्त हो जावे।

सम्भवतः इन्हीं समस्याओं के निराकरण के लिए हमारे अतीत काल के ऋषि कवियों ने भाषा के संगोपन, संयोजन द्वारा शब्दों को शक्ति के ऐसे प्रभामण्डल से घेर दिया है कि उनकी प्रभविष्णुता निष्कम्प और अक्षय हो गयी। जिसे हम मन्त्र की संज्ञा से जानते हैं, वह एक विशेष मानसिक क्रिया से समन्वित शब्द-संयोजन है, जो ध्वनि के आरोह-अवरोह के साथ काल का दीर्घ व्यवधान पार कर मानव-मानस में वैसी ही क्रियाशीलता उत्पन्न कर देता है, जैसी एक सधे-मिले तारोंवाली वीणा की झंकृति से दूसरी वीणा के तारों पर सम्भव है।

हमारे प्राचीन वाङ्मय में कवि मन्त्रद्रष्टा हैं, मन्त्रों का रचयिता मात्र नहीं। दूसरे शब्दों में, कवि एक विशेष मानसिक क्रिया द्वारा सत्य से साक्षात्कार करके उसे विशेष शब्द-संयोजन में, रूपात्मकता देता है। इस शब्द-शरीरी सत्य के साथ कवि की स्थिति दृश्य और द्रष्टा की ही रहती है, अतः 'ऋषयः मन्त्रद्रष्टारः' कहकर इसी सम्बन्ध को स्वीकृति दी गयी है।

मन की विभिन्न स्थितियों में, क्षिप्त स्थिति अपनी अस्थिरता के कारण, विक्षिप्त बाह्य चेतना के अभाव में, मूढ़ अपनी जड़ता में और निरुद्ध अपनी शून्यता के कारण निर्माण के लिए अनुपयुक्त है। केवल एकाग्र स्थिति ही किसी महत्त्वपूर्ण सृजन के लिए आवश्यक मानसिक भूमि प्रस्तुत करती है। एक एकाग्रता की स्थिति में मानव-मानस की सब शक्तियाँ जब एक बिन्दु पर शब्द-शक्तियों से एकाकार होती हैं, तब द्रष्टा का सत्य काव्य या साहित्य में रूपायित होकर सम्पूर्ण सजीवता के साथ अपने-आपको दूसरों के अन्तःकरण में प्रतिफलित करता है।

हाथ के फेंके हुए बाण और धनुष पर सन्धान कर, दृष्टि से बाण की नोक और लक्ष्य को मिलाते हुए जो बाण चलाया जाता है, उन दोनों में रूप और फेंके जाने की स्थितियाँ समान रहती हैं। परन्तु, परिणाम की दृष्टि से वे दोनों एक-दूसरे से सर्वथा भिन्न रहेंगे, क्योंकि एक अपेक्षित वेग के अभाव में निकट ही गिर जाता है, और दूसरा लक्ष्य तक पहुँचकर उसे वेध लेता है। एकाग्रता के भाव और अभाव की स्थितियाँ भी इसी प्रकार परिणामतः भिन्न रहेंगी।

साहित्य और विशेषतः काव्य, व्यक्ति या समूह के भाव-जगत् को अनुकूल दिशा में क्रियाशील बनाने का लक्ष्य रखता है, अतः उसे भाषा की सम्पूर्ण शक्तियों और अन्तःकरण की समस्त सम्भावनाओं का उपयोग करना पड़े, तो आश्चर्य नहीं।

एक मानस के भाव का अन्य मानस में प्रक्षेप और उसका परिणाम, सन्दर्भ, परिस्थिति, संस्कार आदि पर निर्भर रहता है। सामान्यतः एक मनोवेग का दूसरे मानस से सम्बन्ध ममत्वपूर्ण, विरोधी या उदासीन हो सकता है। विरोध या उदासीनता की स्थिति काव्य की गतिशीलता में बाधक सिद्ध होती है; केवल महत्त्वपूर्ण स्वीकृति ही उसे लक्ष्य तक पहुँचाने में समर्थ है।

तात्पर्य यह नहीं कि काव्य की भाषा में असाधारणता आवश्यक है। वस्तुतः काव्य की तुलना में अन्य ज्ञान-विज्ञान आदि अधिक जटिल और विशेष व्यक्तियों के लिए ही सम्बोध्य भाषा का प्रयोग करते हैं। ज्ञान-विज्ञान में शब्द केवल संकेत हैं, जिनका अर्थ, संकेतों का ज्ञान रखनेवालों के निकट ही उद्घाटित हो सकता है। साहित्य या काव्य की भाषा न संकेत-मात्र है और न उसके अर्थ-बोध के लिए किसी विशेष प्रकार की बौद्धिक विशेषता अपेक्षित रहती है। वह तो ऐसी मानव-सामान्य अनुभूतियों की चित्रलेखा है, जिसका सम्प्रेषण मानव-सामान्य मानस में ही सम्भव रहेगा। मानव-अनुभूतियों या संवेदनों की सार्थकता उनकी अतिसामान्यता में रहती है, असामान्यता में नहीं, किन्तु वे अपनी उद्भावना के लिए जिन परिस्थितियों पर निर्भर रहते हैं, उनकी संयोजिका होने के कारण भाषा को एक विशेष भंगिमा, विशेष विच्छित्ति प्राप्त हो जाना, स्वाभाविक है। हमारे मनोविकारों में भी श्वेत, कृष्ण, पीत आदि रंग हैं, हमारी ध्वनियों के भी कोमल, कठोर आदि रूप हैं, परन्तु यह समस्त रंगरूपमयता, अव्यक्त को ऐसे परिवेश और ऐसी रूपरेखा में व्यक्त करने के लिए है, जिससे मानव-मानस अतिपरिचित रहता है। मन की सीमा के बाहर स्थिति रखनेवाले सत्य और इन्द्रियों के लिए दुर्गम मर्म को, भाषा द्वारा ही मानसी स्थिति और इन्द्रियजन्य ज्ञान की आत्मीयता प्राप्त हो जाती है। भाषा का ऐसा संयोजन, जो अपरिचित और असाधारण को परिचित और साधारण बना देता है, स्वयं अपरिचित और असाधारण कैसे हो सकता है। स्वयं सम्बोध्य न रहकर, भाषा अपनी विधायक शक्ति से रहित हो जाती है।

काव्य में छन्द और लय

भाषा की प्रकृति लयवती है। प्रत्येक उच्चारित शब्द वायु में विशेष कम्पन उत्पन्न करता है और इसी कम्पन की लहर-संसृति से हमारी श्रवणेन्द्रिय का स्पर्श होता है।

हमारे प्राचीनतम वाङ्मय वेद के उद्‌गाताओं ने इस सत्य का अनुभव करने के उपरान्त ही प्रत्येक शब्द को, उदात्त, अनुदात्त, स्वरित आदि उच्चारण-भेदों से विशेष व्यक्तित्व में बाँधा है। उच्चारण वास्तव में शब्द और अर्थ को लय-समन्वित करने का साधन है।

सामान्य जीवन में भी उच्चारण का विशेष उतार-चढ़ाव ही एक शब्द को दूसरे से भिन्न या एक शब्द को दूसरे अर्थ से संयुक्त करता है। भाषा की लक्षणा-व्यञ्जना आदि शक्तियाँ शब्द-ध्वनि के उतार-चढ़ाव में ही व्यक्त होती हैं।

हमारा प्रत्यक्ष जगत् अनन्त रूपात्मक ही नहीं, विविध ध्वन्यात्मक भी है। भाषा के निर्माण के पहले मनुष्य ने जिन ध्वनियों के द्वारा अपने भावों को व्यक्त किया होगा, वे उसके प्राकृतिक परिवेश में व्याप्त ध्वनियों से साम्य रखती हों, तो इसे स्वभाविक ही कहा जायेगा। कालान्तर में ध्वनियों के वर्गीकरण ने शब्दों के निर्माण का मार्ग प्रशस्त किया। जल की तरंग-भंगिमा से उत्पन्न कलकल, पवन के वेग से पत्तों का मर्मर आदि इसी तथ्य के साक्षी हैं।

मानव द्वारा प्रयुक्त ध्वनियाँ; स्वर आदि पशु-पक्षियों की बोलियों के भी ऋणी हैं। संगीत का स्वर-सप्तक इसको विशेष रूप से प्रमाणित कर सकता है, जिसमें मयूर की केका से षड्ज, कोकिल की कुहू से पञ्चम का साम्य माना जाता है। वस्तुतः संगीत के सभी स्वर किसी-न-किसी पशु-पक्षी की बोली से सम्बद्ध कहे जाते हैं।

हमारा समस्त दृश्य-जगत् परिवर्तनशील ही नहीं, एक निश्चित गतिक्रम में परिवर्तनशील है, जो अपनी निरन्तरता से एक लययुक्त आकर्षण-विकर्षण को छन्दायित करता है। काव्य व्यष्टिगत तथा समष्टिगत जीवन को एक विशेष गतिक्रम की ओर प्रेरित करने का साधन है, अतः उसकी शब्द-योजना में भी एक प्रवाह, एक लय अपेक्षित रहेगी।

इसके अतिरिक्त काव्य के लिए जैसा शब्द-संयोजन आवश्यक है, वह अपनी अर्थ-समन्विति की क्रिया-प्रतिक्रिया में विशेष प्रवाह उत्पन्न कर लेता है। यह प्रवाह और लय मानव के मनोजगत् में एक आकर्षण की स्थिति सहज कर देते हैं।

मनुष्य के चलने के निश्चित क्रम में प्रभाव है, किन्तु बार-बार गिरते-उठते हुए चलने में गति का छन्द-भंग हो जाने के कारण वह प्रभविष्णु नहीं रह जाती।

सारांश यह कि यदि कविता के लिए विशेष शब्द-चयन आवश्यक है, व्यञ्जित अर्थ-बोध की भाव-परिणति अनिवार्य है, तो शब्द एक विशेष क्रम में छन्दायित रहेंगे ही।

अन्न, आँधी-धूप-वर्षा झेलता हुआ खेत में भी रहता है, कृषक के खलिहान में भी और पाकशाला की अग्नि पर तपते हुए पात्र में भी। भूखे की दृष्टि से तो पाकशाला के पात्र ही में अन्न की स्थिति उपयोगी है। परन्तु क्या उसी खौलते जल से भरे पात्र में धान की बालियाँ उगायी भी जा सकती हैं? उपयोग के किसी अलक्ष्य छोर पर स्थित रहनेवाला खेत ही बीज को अपनी मिट्टी की गहराई में छिपाकर अंकुरित होने की सुविधा देता है।

उपयोग के किसी तात्कालिक अंश पर दृष्टि रखने के कारण कभी-कभी हम वस्तुओं के ठीक मूल्यांकन में समर्थ नहीं होते। परन्तु केवल उपयोग की दृष्टि से भी काव्य की छन्द-स्थिति लोक-हृदय में समर्थन पा लेती है।

गद्य में विशेष शब्द-संयोजन की अपेक्षा नहीं रहती, अतः अनावश्यक शब्द भी अनाहूत तमाशबीनों के समान स्थान घेर लेते हैं, जिससे उसके अर्थप्रवाह में अवरोध भी उत्पन्न हो सकता है। गद्य में भाव भी प्रायः चिन्तन के माध्यम से व्यक्त होने के कारण व्याख्यात्मक ही रहते हैं, अतः उन्हें काव्य के समान प्रवाहात्मक लय की आवश्यकता नहीं होती।

इसके विपरीत काव्य में, भावानुकूल विशेष शब्द-संयोजन अनिवार्य होने के कारण एक प्रवाहात्मक लय स्वतः उत्पन्न हो जाती है।

वास्तव में छन्द की सीमा में शब्दों को, धारणा, स्मरण आदि मानसी वृत्तियों से ऐसा संरक्षण प्राप्त हो जाता है, जिसकी छाया में वे न्यूनतम परिवर्तनशीलता के साथ दीर्घायु हो जाते हैं।

हमारे वाङ्मय की छान्दसी सृष्टि ही सहस्रों वर्षों से कण्ठ से कण्ठ में सञ्चरण करती हुई भी प्रत्येक ध्वनि और प्रत्येक शब्द को अक्षय रख सकी है।

मनुष्य की मानसिक वृत्तियाँ भी विकासतः बहिर्मुखी तथा अपने ऐन्द्रिक ज्ञान के विषयों में प्रक्षिप्त रहती हैं।

इसके विपरीत कवि अपनी मर्मानुभूति का, उसके आधार तथा परिवेश के साथ दूसरे व्यक्ति के मनोजगत् में प्रक्षेपण चाहता है। यह संक्रमण बिना तादात्म्य के सम्भव नहीं होता, अतः पाठक को भी अपनी बिखरी मानसिक वृत्तियों को विशेष तन्मय एकाग्रता में समेटना पड़ता है।

काव्य की लयात्मकता ऐसी स्थिति उत्पन्न करने में महत्त्वपूर्ण सहयोग दे सकती है और वह लय छन्द में अधिक सम्भव है।

परन्तु यह, शिल्पी से नहीं, उसके औजारों से विवाद है। कवि यदि अपनी भाव-सृष्टि को वहन करने के लिए छन्द को उपयुक्त समझता है, तो छन्द में रूपायित करे, छन्द-बन्धन से मुक्ति को उपयुक्त समझता है, निर्बन्ध रहने दे। परन्तु काव्य की कोटि में रहने के लिए उसे अनूदित और अभिव्यक्ति में जैसा तारतम्य रखना पड़ता है, वह स्वयं एक बन्धन है।

भाषा की प्रकृति परिवर्तनशील होने के कारण शब्द-संयोजन-विधान में परिवर्तन अनिवार्य हो जाते हैं। वैदिक वाङ्मय का अत्यन्त महत्त्वपूर्ण गायत्री छन्द आज के काव्य-सन्देश का वाहक न हो सकेगा। आदिकवि का आदि छन्द होने पर भी अनुष्टुप् को आज की भाषा में प्रतिष्ठित नहीं किया जा सकेगा।

इसी प्रकार माधुर्य की अक्षय कोष ब्रजभाषा का लचीला सवैया छन्द खड़ी-बोली के साथ न चल सकेगा। रामचरितमानस-जैसे काव्य की गरिमा सँभालनेवाली अवधी के दोहा-चौपाई से आज के काव्य की संगति न बैठ सकेगी।

काव्य में गेयता

ध्वनि और लय की दृष्टि से काव्य और संगीत के मध्य विभाजन-रेखा अत्यन्त सूक्ष्म है, परन्तु उसकी स्थिति में परिवर्तन की शंका नहीं। काव्य सार्थक शब्द-समूह है और संगीत लयप्रधान ध्वनि-समूह। जैसे काव्य में गेयता सम्भव है, परन्तु अनिवार्य नहीं, वैसे ही संगीत के स्वरों में अर्थवत्ता सम्भव है, परन्तु अनिवार्य नहीं। इसके अतिरिक्त भाषा मनुष्य का निर्माण है और संगीत दृष्य-जगत् में व्याप्त ध्वनियों का अनुकरण; अतः यह अनुमान स्वाभाविक है कि एक के संघटन में बुद्धि विशेष क्रियाशील रही और दूसरे के संयोजन में हृदय।

संगीत द्वारा हम विशेष रागात्मक अभिव्यक्ति करते हैं, परन्तु भाषा का लक्ष्य समग्र जीवन की अभिव्यक्ति है। साहित्य और काव्य की लक्ष्यतः जीवनव्यापी हैं।

परिणामतः काव्य का वही अंश गेय कहा जायेगा, जो अनुभूति की तीव्रता को संगीत के लिए उपयुक्त शब्द-संयोजन द्वारा व्यक्त कर सके। वैसे काव्य की छन्दबद्धता में एक लय-भरा प्रभाव स्वाभाविक है, जिसे स्वर के आरोह-अवरोह में बाँधकर प्रस्तुत करना कठिन नहीं होता। परन्तु इसे संगीत नहीं कहा जायेगा।

वस्तुतः हमारे काव्य का कुछ अंश ही गेय है, परन्तु विषय की विविधता, अनुभूतियों के हल्के-गहरे रंग, शब्दों की भाव-संगति, राग और परिवेश का सामञ्जस्य, तन्मयता आदि, विशेषताओं के कारण वह साहित्य की तुला पर ऐसे अन्य काव्यों के साथ ठहर सका है, जिन्होंने जीवन को उसकी समग्रता में देखा है।

काव्य-गीतों के अग्रज लोकगीत के समग्र जन-जीवन को लय से घेर बैठे हैं। सुख-दुःख, मिलन-विरह, जन्म-मरण, ऋतु, उत्सव आदि में से कोई विशेष नहीं रह गया है। दैनन्दिन जीवन की आवश्यकताओं से लेकर हृदय की रहस्यमय अनुभूतियों तक सब पर लोक-कवियों की दृष्टि पड़ी है और उन्होंने सबको गीतों में प्राण-प्रतिष्ठा दी है।

गीत में भाव, शब्द, तन्मयता आदि विशेषताएँ भिन्न होती हुई भी एक लय से ऐसे जुड़ी रहती हैं, जैसे एक वृन्त पर खिले एक फूल की अनेक पंखुड़ियाँ, हम वृन्त को ग्रहण कर समस्त पंखुड़ियों और मधु-गन्ध के साथ फूल को प्राप्त कर लेते हैं, गीत के प्रति आकर्षण के मूल में सम्भवतः यही सहज सम्प्रेषणीयता है।

इसके अतिरिक्त दृश्य के समान और कभी-कभी दृश्य से अधिक स्वर मनुष्य को आकर्षित करता है। यदि हम बन्द कक्ष में बैठकर वर्षा की झड़ी का स्वर, मेघ का गर्जन, वायु के तीव्र झोंके से उत्पन्न सरसर शब्द सुनते हैं, तो बिना कारण के भी हमारा हृदय विषाद से भर आता है। इसी प्रकार वसन्त को देखे बिना यदि हम कोकिल का कुहू-कुहू, मलय पवन के स्पर्श से हिलते हुए पत्तों की मर्मर ध्वनि सुनते हैं, तो हृदय में एक अनिर्वचनीय उल्लास उमड़ आता है।

बालक भी दृश्य से अधिक स्वर की ओर आकर्षित होता है। उसका कोई अकेलापन ऐसा नहीं, जिसमें वह किसी वस्तु से किसी पात्र पर आघात करके स्वर न उत्पन्न करता हो, गुनगुनाता या किसी पशु या पक्षी की बोली का अनुकरण न करता हो।

सामान्यतः पशु-पक्षियों को भी स्वर जितनी शक्ति से आकर्षित करते हैं, उतनी शक्ति, दृष्टि के विषयों में नहीं पायी जाती।

आधुनिक शंकाशील युग में भी उसे विज्ञान से ऐसी स्वीकृति मिल चुकी है कि वह वनस्पति-जगत् के विकास तथा रोगी व्यक्तियों की चिकित्सा में उपयोगी माना जाने लगा है।

स्वर के साथ जब सार्थक शब्दावली की संगति हो जाती है, तब संगीत तथा काव्य दोनों व्याप्ति तथा गहराई की दृष्टि से जीवन की अलक्ष्य सीमाएँ छू लेते हैं।

नाद को या शब्द को ब्रह्म की संज्ञा देनेवाले युग को यथार्थतः उसकी शक्तियों का बोध प्राप्त हो चुका होगा, अतः उपयोगगत अन्तर को स्वीकृति देते हुए भी हम उनके बोध को भ्रान्ति की संज्ञा नहीं दे सकेंगे।

दीपकराग के स्वरों के आरोह-अवरोह से दीपक जलने की कथा में चाहे अतिशयोक्ति हो, परन्तु यह सत्य है कि तब से आज तक उस लय के दीप्त स्पर्श से मानव-मन के बुझे दीपक किसी शीतल-उज्ज्वल ज्वाला में जल-जल उठे हैं।

प्रस्तुत संग्रह

'सन्धिनी' में मेरे कुछ गीत संगृहीत हैं। काल-प्रवाह का वर्षों में फैला हुआ चौड़ा पाट उन्हें एक-दूसरे से दूर और दूरतम की स्थिति दे देता है। परन्तु मेरे विचार में उनकी स्थिति एक नदी-तट से प्रवाहित दीपों के समान है। दीपदान के दीपकों में कुछ, जल की कम गहरी मन्थरता के कारण उसी तट पर ठहर जाते हैं, कुछ समीर के झोंके से उत्पन्न तरंग-भंगिमा में पड़कर दूसरे तट की दिशा में बह चलते हैं और कुछ मँझधार की तरंगाकुलता के साथ किसी अव्यक्त क्षितिज की ओर बढ़ते रहते हैं। परन्तु दीपकों की इन सापेक्ष दूरियों पर दीपदान देनेवाले की मंगलाशा सूक्ष्म अन्तरिक्ष-मण्डल के समान फैलकर उन्हें अपनी अलक्ष्य छाया में एक रखती है। मेरे गीतों पर भी मेरी एक आस्था की छाया है।

मनुष्य की आस्था की कसौटी काल का क्षण नहीं बन सकता, क्योंकि वह तो काल पर मनुष्य का स्वनिर्मित सीमावतरण है। वस्तुतः उनकी कसौटी क्षणों की अटूट संसृति से बना काल का अजस्र प्रवाह ही रहेगा।

'सन्धिनी' नाम साधना के क्षेत्र से सम्बन्ध रखने के कारण बिखरी अनुभूतियों की एकता का संकेत भी दे सकता है और व्यष्टिगत चेतना का समष्टिगत चेतना में संक्रमण भी व्यञ्जित कर सकेगा।

देवोत्थान एकादशी **—महादेवी**

सं॰ 2021

पंक्ति क्रम

●

(1)

निशा को, धो देता राकेश
चाँदनी में जब अलकें खोल,
कली से कहता था मधुमास
'बता दो मधुमदिरा का मोल';

झटक जाता था पागल वात
धूलि में तुहिन-कणों के हार,
सिखाने जीवन का संगीत
तभी तुम आये थे इस पार।

बिछाती थी सपनों के जाल
तुम्हारी वह करुणा की कोर,
गयी वह अधरों की मुस्कान
मुझे मधुमय पीड़ा में बोर;

भूलती थी मैं सीखे राग
बिछलते थे कर बारम्बार,
तुम्हे तब आता था करुणेश!
उन्हीं मेरी भूलों पर प्यार!

गये तब से कितने युग बीत
हुए कितने दीपक निर्वाण!
नहीं पर मैंने पाया सीख
तुम्हारा - सा मनमोहन गान।

नहीं अब गाया जाता देव!
थकी अँगुली, हैं ढीले तार
विश्ववीणा में अपनी आज
मिला लो यह अस्फुट झंकार!

●

(2)

वे मुस्काते फूल, नहीं—
जिनको आता है मुरझाना,
वे तारों के दीप, नहीं—
जिनको भाता है बुझ जाना;

वे सूने से नयन, नहीं—
जिनमें बनते आँसू-मोती,
वह प्राणों की सेज, नहीं—
जिसमें बेसुध पीड़ा सोती;

वे नीलम के मेघ, नहीं—
जिनको है घुल जाने की चाह,
वह अनन्त ऋतुराज, नहीं—
जिसने देखी जाने की राह।

ऐसा तेरा लोक, वेदना
नहीं, नहीं जिसमें अवसाद,
जलना जाना नहीं, नहीं—
जिसने जाना मिटने का स्वाद!

क्या अमरों का लोक मिलेगा
तेरी करुणा का उपहार?
रहने दो हे देव! अरे
यह मेरा मिटने का अधिकार!

●

(3)

छाया की आँखमिचौनी
मेघों का मतवालापन,
रजनी के श्याम कपोलों
पर ढरकीले श्रम के कन;

फूलों की मीठी चितवन
नभ की ये दीपावलियाँ,
पीले मुख पर सन्ध्या के
वे किरणों की फुलझड़ियाँ।

विधु की चाँदी की थाली
मादक मकरन्द भरी-सी,
जिसमें उजियारी रातें
लुटतीं घुलतीं मिसरी-सी;

भिक्षुक से फिर जाओगे
जब लेकर यह अपना धन,
करुणामय तब समझोगे
इन प्राणों का महँगापन!

क्यों आज दिये देते हो
अपना मरकत-सिंहासन?
यह है मेरे मरु-मानस
का चमकीला सिकता-कन!

आलोक यहाँ लुटता है
बुझ जाते हैं तारा-गण,
अविराम जला करता है
पर मेरा दीपक-सा मन!

जिसकी विशाल छाया में
जग बालक-सा सोता है,
मेरी आँखों में वह दुःख
आँसू बनकर खोता है!

जग हँसकर कह देता है
मेरी आँखें हैं निर्धन,
इनके बरसाये मोती
क्या वह अब तक पाया गिन?

मेरी लघुता पर आती
जिस दिव्य लोक को व्रीड़ा,
उसके प्राणों से पूछो
वे पाल सकेंगे पीड़ा?

उनसे कैसे छोटा है
मेरा यह भिक्षुक जीवन?
उनमें अनन्त करुणा है
इसमें असीम सूनापन!

●

(4)

इस एक बूँद आँसू में
चाहे साम्राज्य बहा दो,
वरदानों की वर्षा से
यह सूनापन बिखरा दो;

इच्छाओं की कम्पन से
सोता एकान्त जगा दो,
आशा की मुस्काहट पर
मेरा नैराश्य लुटा दो।

चाहे जर्जर तारों में
अपना मानस उलझा दो,
इन पलकों के प्यालों में
सुख का आसव छलका दो;

मेरे बिखरे प्राणों में
सारी करुणा ढुलका दो,
मेरी छोटी सीमा में
अपना अस्तित्व मिटा दो!

पर शेष नहीं होगी यह
मेरे प्राणों की क्रीड़ा,
तुमको पीड़ा में ढूँढ़ा,
तुम में ढूँढूँगी पीड़ा!

●

(5)

जिस दिन नीरव तारों से,
बोलीं किरणों की अलकें,
'सो जाओ अलसायी हैं
सुकुमार तुम्हारी पलकें!'

जब इन फूलों पर मधु की
पहली बूँदें बिखरी थीं,
आँखें पंकज की देखीं
रवि ने मनुहार भरी - सीं।

दीपकमय कर डाला जब
जलकर पतंग ने जीवन,
सीखा बालक मेघों ने
नभ के आँगन में रोदन;

उजियारी अवगुण्ठन में
विधु ने रजनी को देखा,
तब से मैं ढूँढ़ रही हूँ
उनके चरणों की रेखा।

मैं फूलों में रोती वे
बालारुण में मुस्काते,
मैं पथ में बिछ जाती हूँ
वे सौरभ में उड़ जाते।

वे कहते हैं उनको मैं
अपनी पुतली में देखूँ,
यह कौन बता जायेगा
किसमें पुतली को देखूँ?

मेरी पलकों पर रातें
बरसाकर मोती सारे,
कहतीं 'क्या देख रहे हैं
अविराम तुम्हारे तारे?'

तम ने इन पर अंजन से
बुन - बुनकर चादर तानी,
इन पर प्रभात ने फेरा
आकर सोने का पानी!

इन पर सौरभ की साँसें
लुट-लुट जातीं दीवानी,
यह पानी में बैठी है
बन स्वप्न-लोक की रानी!

कितनी बीतीं पतझारें
कितने मधु के दिन आये,
मेरी मधुमय पीड़ा को
कोई पर ढूँढ़ न पाये!

झिप-झिप आँखें कहती हैं
'यह कैसी है अनहोनी?
हम और नहीं खेलेंगी
उनसे यह आँखमिचौनी!'

अपने जर्जर अंचल में
भरकर सपनों की माया,
इन थके हुए प्राणों पर
छायी विस्मृति की छाया!

मेरे जीवन की जागृति!
देखो फिर भूल न जाना,
जो वे सपना बन आवें
तुम चिरनिद्रा बन जाना!

●

(6)

मधुरिमा के, मधु के अवतार
सुधा से, सुषमा से, छविमान,
आँसुओं में सहमे अभिराम
तारकों से हे मूक अजान!

सीखकर मुस्काने की बान
कहाँ आये हो कोमल प्राण?

स्निग्ध रजनी से लेकर हास
रूप से भरकर सारे अंग,
नये पल्लव का घूँघट डाल
अछूता ले अपना मकरन्द

ढूँढ़ पाया कैसे यह देश?
स्वर्ग के हे मोहक सन्देश!

रजत किरणों से नयन पखार
अनोखा ले सौरभ. का भार,
छलकता लेकर मधु का कोष,
चले आये एकाकी पार,

कहो क्या आये हो पथ भूल?
मंजु छोटे मुस्काते फूल!

ऊषा के छू आरक्त कपोल
किलक पड़ता तेरा उन्माद,
देख तारों के बुझते प्राण
न जाने क्या आ जाता याद?

हेरती है सौरभ की हाट
कहो किस निर्मोही की बाट?

चाँदनी का शृंगार समेट
अधखुली आँखों की यह कोर,
लुटा अपना यौवन अनमोल
ताकती किस अतीत की ओर!

जानते हो यह अभिनव प्यार
किसी दिन होगा कारागार?

कौन वह है सम्मोहन राग
खींच लाया तुमको सुकुमार?
तुम्हें भेजा जिसने इस देश
कौन वह है निष्ठुर कर्तार?

हँसो, पहनो, काँटों के हार
मधुर भोलेपन के संसार!

●

(7)

जो तुम आ ज़ाते एक बार!

कितनी करुणा कितने सन्देश
पथ में बिछ जाते बन पराग;

गाता प्राणों का तार-तार
अनुराग भरा उन्माद राग;
आँसू लेते वे पद पखार!

हँस उठते पल में आर्द्र नयन
धुल जाता ओंठों से विषाद,

छा जाता जीवन में वसन्त
लुट जाता चिर संचित विराग,
आँखें देती सर्वस्व वार!

●

(8)

चुभते ही तेरा अरुण बान!
बहते कन - कन से फूट - फूट;
मधु के निर्झर - से सजल गान!

इन कनक रश्मियों में अथाह,
लेता हिलोर तम-सिन्धु जाग;

बुद्बुद से बह चलते अपार,
उसमें विहगों के मधुर राग;

बनती प्रवाल का मृदुल कूल,
जो क्षितिज-रेख थी कुहर-म्लान!

नव कुन्द-कुसुम से मेघ-पुंज,
बन गये इन्द्रधनुषी वितान;

दे मृदु कलियों की चटक, ताल,
हिय-बिन्दु नचाती तरलप्राण;
धो स्वर्ण-प्रात में तिमिर-गात,
दुहराते अलि निशि-मूक तान!

सौरभ का फैला केश-जाल,
करतीं समीर-परियाँ विहार,
गीली केसर-मद झूम-झूम,
पीते तितली के नव कुमार,
मर्मर का मधुसंगीत छेड़—
देते हैं हिल पल्लव अजान!

फैला अपने मृदु स्वप्न-पंख,
उड़ गयी नींद-निशि क्षितिज पार,
अधखुले दृगों के कंज-कोष—
पर छाया विस्मृति का खुमार;
रँग रहा हृदय ले अश्रु-हास,
यह चतुर चितेरा सुधि-विहान!

●

(9)

शून्यता में निद्रा की बन,
उमड़ आते ज्यों स्वप्निल घन,
पूर्णता कलिका की सुकुमार,
छलक मधु में होती साकार;

हुआ त्यों सूनेपन का भान,
प्रथम किसके उर में अम्लान?
और किस शिल्पी ने अनजान,
विश्वप्रतिमा कर दी निर्माण?

काल सीमा के संगम पर,
मोम-सी पीड़ा उज्ज्वल कर,
उसे पहनायी अवगुण्ठन,
हास औ' रोदन से बुन-बुन!

कनक-से दिन मोती-सी रात,
सुनहली साँझ गुलाबी प्रात,
मिटाता रँगता बारम्बार,
कौन जग का यह चित्राधार?

शून्य नभ में तम का चुम्बन
जला देता असंख्य उडुगण,
बुझा क्यों उनको जाती मूक,
भोर ही उजियाले की फूँक?

रजत प्याले में निद्रा ढाल,
बाँट देती जो रजनी बाल,
उसे कलियों में आँसू घोल,
चुकाना पड़ता किसको मोल?

पोंछती जब हौले से वात
इधर निशि के आँसू अवदात,
उधर क्यों हँसता दिन का बाल,
अरुणिमा से रंजित कर गाल?

कली पर अलि का पहला गान,
थिरकता जब बन मृदु मुस्कान,
विफल सपनों के हार पिघल,
ढुलकते क्यों रहते प्रतिपल?

गुलालों से रवि का पथ लीप
जला पश्चिम में पहला दीप,
विहँसती सन्ध्या भरी सुहाग
दृगों से झरता स्वर्ण पराग,

उसे तम की बढ़ एक झकोर
उड़ाकर ले जाती किस ओर?
अथक सुषमा का सृजन-विनाश
यही क्या जग का श्वासोच्छ्वास?

किसी की व्यथा-सिक्त चितवन,
जगाती कण-कण में स्पन्दन,
गूँथ उनकी साँसों के गीत
कौन रचता विराट् संगीत?

प्रलय बनकर किसका अनुताप
डुबा जाता उसको चुपचाप?

आदि में छिप आता अवसान
अन्त में बनता नव्य विधान,
सूत्र ही है क्या यह संसार
गुँथे जिसमें सुख-दुख जय-हार?

●

(10)

रजत-रश्मियों की छाया में धूमिल घन-सा वह आता;
इस निदाघ से मानव में करुणा के स्रोत बहा जाता!

उसमें मर्म छिपा जीवन का,
एक तार अगणित कम्पन का,
एक सूत्र सबके बन्धन का,
संसृति के सूने पृष्ठों में करुणकाव्य वह लिख जाता!

वह उर में आता बन पाहुन,
कहता मन से 'अब न कृपण बन',
मानस की निधियाँ लेता गिन,
दृग-द्वारों को खोल विश्व-भिक्षुक पर, हँस बरसा आता!

यह जग है विस्मय से निर्मित,
मूक पथिक आते-जाते नित,
नहीं प्राण प्राणों से परिचित,
यह उनका संकेत नहीं जिसके बिन विनिमय हो पाता!

मृगमरीचिका के चिर पथ पर,
सुख आता प्यासों के पग धर,
रुद्ध हृदय के पट लेता कर,
गर्वित कहता 'मैं मधु हूँ मुझसे क्या पतझर का नाता'!

दुख के पद छू बहते झर-झर,
कण-कण से आँसू के निर्झर,
हो उठता जीवन मृदु उर्वर,
लघु मानस में वह असीम जग को आमन्त्रित कर लाता!

●

(11)

कुमुद-दल से वेदना के दाग को
पोंछती जब आँसुओं से रश्मियाँ,
चौंक उठतीं अनिल के निश्वास छू
तारिकाएँ चकित-सी अनजान-सी;

तब बुला जाता मुझे उस पार जो
दूर के संगीत-सा वह कौन है?

शून्य नभ पर उमड़ जब दुखभार-सी
नैश तम में, सघन छा जाती घटा,
बिखर जाती जुगनुओं की पाँति भी
जब सुनहले आँसुओं के हार - सी;

तब चमक जो लोचनों को मूँदता
तड़ित् की मुस्कान में वह कौन है?

अवनि-अम्बर की रुपहली सीप में
तरल मोती-सा जलधि जब काँपता,
तैरते घन मृदुल हिम के पुंज से
ज्योत्स्ना के रजत पारावार में;

सुरभि बन जो थपकियाँ देता मुझे,
नींद के उच्छ्वास-सा, वह कौन है?

जब कपोल-गुलाब पर, शिशुप्रात के
सूखते नक्षत्र जल के बिन्दु से,
रश्मियों की कनक-धारा में नहा
मुकुल हँसते मोतियों का अर्घ्य दे;

स्वप्न-शाला में यवनिका डाल जो
तब दृगों को खोलता वह कौन है?

●

(12)

स्मित तुम्हारी से छलक यह ज्योत्स्ना अम्लान,
जान कब पायी हुआ उसका कहाँ निर्माण!

अचल पलकों में जड़ीं - सी तारिकाएँ दीन,
ढूँढ़तीं अपना पता विस्मित निमेषविहीन!

गगन जो तेरे विशद अवसाद का आभास,
पूछता 'किसने दिया यह नीलिमा का न्यास'!

निठुर क्यों फैला दिया यह उलझनों का जाल,
आप अपने को जहाँ सब ढूँढ़ते बेहाल!

काल-सीमा-हीन सूने में रहस्य निधान!
मूर्तिमत् कर वेदना तुमने गढ़े जो प्राण;

धूलि के कण में उन्हें बन्दी बना अभिराम,
पूछते हो अब अपरिचित - से उन्हीं का नाम!

पूछता क्या दीप है आलोक का आवास?
सिन्धु को कब खोजने लहरें उड़ीं आकाश!

धड़कनों से पूछता है क्या हृदय पहचान?
क्या कभी कलिका रही मकरन्द से अनजान?

क्या पता देते घनों को वारि-बिन्दु असार?
क्या नहीं दृग जानते निज आँसुओं का भार?

चाह की मृदु उँगलियों ने छू हृदय के तार,
जो तुम्हीं में छेड़ दी मैं हूँ वही झंकार!

नींद के नभ में तुम्हारे स्वप्न-पावस-काल,
आँकता जिसको वही मैं इन्द्रधनु हूँ बाल!

तृप्ति-प्याले में तुम्हीं ने साध का मधु घोल,
है जिसे छलका दिया मैं वही बिन्दु अमोल!

तोड़कर वह मुकुर जिसमें रूप करता लास,
पूछता आधार क्या प्रतिबिम्ब का आवास?

उर्मियों में झूलता राकेश का आभास,
दूर होकर क्या नहीं है इन्दु के ही पास?

इन हमारे आँसुओं में बरसते सविलास—
जानते हो क्या नहीं किसके तरल उच्छ्वास?

इस हमारी खोज में इस वेदना में मौन,
जानते हो खोजता है पूर्ति अपनी कौन?

यह हमारे अन्त उपक्रम यह पराजय जीत,
क्या नहीं रचता तुम्हारी साँस का संगीत?

पूछते फिर किसलिए मेरा पता बेपीर!
हृदय की धड़कन मिली है क्या हृदय को चीर?

●

(13)

इन आँखों ने देखी न राह कहीं
इन्हें धो गया नेह का नीर नहीं,
करती मिट जाने की साध कभी,
इन प्राणों को मूक अधीर नहीं,
अलि छोड़ो न जीवन की तरणी,
उस सागर में जहाँ तीर नहीं!
कभी देखा नहीं वह देश जहाँ,
प्रिय से कम मादक पीर नहीं!

जिसको मरुभूमि समुद्र हुआ
उस मेघव्रती की प्रतीति नहीं,
जो हुआ जल दीपकमय उससे
कभी पूछी निबाह की रीति नहीं,
मतवाले चकोर ने सीखी कभी;
उस प्रेम के राज्य की नीति नहीं,
तू अकिंचन भिक्षुक है मधु का,
अलि तृप्ति कहाँ जब प्रीति नहीं!

पथ में नित स्वर्णपराग बिछा,
तुझे देख जो फूली समाती नहीं,
पलकों से दलों में घुला मकरन्द,
पिलाती कभी अनखाती नहीं,
किरणों में गुँथी मुक्तावलियाँ,
पहनाती रही सकुचाती नहीं,
अब फूल गुलाब में पंकज की,
अलि कैसे तुझे सुधि आती नहीं!

करते करुणा-घन छाँह वहाँ,
झुलसाता निदाघ - सा दाह नहीं
मिलती शुचि आँसुओं की सरिता,
मृगवारि का सिन्धु अथाह नहीं,
हँसता अनुराग का इन्दु सदा,
छलना की कुहू का निबाह नहीं,
फिरता अलि भूल कहाँ भटका,
यह प्रेम के देश की राह नहीं!

●

(14)

दिया क्यों जीवन का वरदान?
इसमें है स्मृतियों का कम्पन;
सुप्त व्यथाओं का उन्मीलन;
स्वप्न-लोक की परियाँ इसमें
भूल गयीं मुस्कान!

इसमें है झंझा का शैशव,
अनुरंजित कलियों का वैभव,
मलयपवन इसमें भर जाता
मृदु लहरों के गान!

इन्द्रधनुष-सा घन-अंचल में;
तुहिन-बिन्दु-सा किसलय दल में;
करता है पल-पल में देखो;
मिटने का अभिमान!

सिकता में अंकित रेखा-सा;
वात-विकम्पित दीपशिखा-सा;
काल-कपोलों पर आँसू-सा
ढुल जाता हो म्लान!

●

(15)

कह दे माँ क्या अब देखूँ!

देखूँ खिलती कलियाँ या
प्यासे सूखे अधरों को,
तेरी चिर यौवन-सुषमा
या जर्जर जीवन देखूँ!

देखूँ हिम-हीरक हँसते
हिलते नीले कमलों पर,
या मुरझायी पलकों से
झरते आँसू-कण देखूँ!

सौरभ पी-पीकर बहता
देखूँ यह मन्द समीरण,
दुख की घूँटें पीती या
ठंढी साँसों को देखूँ!

खेलूँ परागमय मधुमय
तेरी वसन्त-छाया में,
या झुलसे सन्तापों से
प्राणों का पतझर देखूँ!

मकरन्द-पगी केसर पर
जीती मधु-परियाँ ढूँढ़ूँ,
या उर-पंजर में कण को
तरसे जीवन-शुक देखूँ!

कलियों की घन जाली में
छिपती देखूँ लतिकाएँ,
या दुर्दिन के हाथों में
लज्जा की करुणा देखूँ!

बहलाऊँ नव किसलय के—
झूले में अलि-शिशु तेरे,
पाषाणों में मसले या
फूलों से शैशव देखूँ!

तेरे असीम आँगन की
देखूँ जगमग दीवाली,
या इस निर्जन कोने के
बुझते दीपक को देखूँ!

देखूँ विहगों का कलरव
घुलता जल की कलकल में,
निस्पन्द पड़ी वीणा से
या बिखरे मानस देखूँ!

मृदु रजत-रश्मियाँ देखूँ
उलझी निद्रा-पंखों में,
या निर्निमेष पलकों में
चिन्ता का अभिनय देखूँ!

तुझमें अम्लान हँसी है
इसमें अजस्त्र आँसू-जल,
तेरा वैभव देखूँ या
जीवन का क्रन्दन देखूँ!

●

(16)

तुम हो विधु के बिम्ब और मैं
मुग्धा रश्मि अजान,
जिसे खींच लाते अस्थिर कर
कौतूहल के बाण!

कलियों के मृदु प्यालों से जो
करती मधुमद पान,
झाँक, जला देती नीड़ों में
दीपक-सी मुस्कान!

लोल तरंगों के तालों पर
करती बेसुध लास;
फैलाती तम के रहस्य पर
आलिंगन का पाश;

ओस-धुले पथ में छिप तेरा
जब आता आह्वान,
भूल अधूरा खेल तुम्हीं में
होती अन्तर्धान!

तुम अनन्त जलराशि ऊर्मि में
चंचल-सी अवदात,
अनिल-निपीड़ित जा गिरती जो
कूलों पर अज्ञात;

हिम-शीतल अधरों से छूकर
तप्त कणों की प्यास,
बिखराती मंजुल मोती से
बुद्-बुद् में उल्लास,

देख तुम्हें निस्तब्ध निशा में,
करते अनुसन्धान,
श्रान्त तुम्हीं में सो जाते जा
जिसके बालक प्राण!

तुम परिचित ऋतुराज मूक में
मधुश्री कोमलगात,
अभिमन्त्रित कर जिसे सुलाती
आ तुषार की रात;

पीत पल्लवों में सुन तेरी
पदध्वनि उठती जाग,
फूट-फूट पड़ता किसलय मिस
चिरसंचित अनुराग;

मुखरित कर देता मानस-पिक
तेरा चितवन-प्रात,
छू मादक निश्वास पुलक—
उठते रोओं से पात!

फूलों में मधु से लिखती जो
मधुघड़ियों के नाम,
भर देती प्रभात का अंचल
सौरभ से बिन दाम;

'मधु जाता अलि' जब कह जाती
आ सन्तप्त बयार,
मिल तुमसे उड़ जाता जिसका
जागृति का संसार!

स्वरहली मैं मधुर स्वप्न की
तुम निद्रा के तार,
जिसमें होता इस जीवन का
उपक्रम उपसंहार;

पलकों से पलकों पर उड़कर,
तितली-सी अम्लान,
निद्रित जग पर बुन देती जो
लय का एक वितान;

मानस-दोलों में सोती शिशु
इच्छाएँ अनजान,
उन्हें उड़ा देती नभ में दे
द्रुत पंखों का दान!

सुख-दुख की मरकत-प्याली से
मधु अतीत कर पान,
मादकता की आभा से छा
लेती तम के प्राण;

जिसकी साँसें छू हो जाता
छायाजग वपुमान,
शून्य निशा में भटके फिरते
सुधि के मधुर विहान;

इन्द्रधनुष के रंगों से भर
धुँधले चित्र अपार;
देती रहती चिर रहस्यमय
भावों को आकार!

जब अपना संगीत सुलाते
थक वीणा के तार,
धुल जाता उसका प्रभात के
कुहरे-सा संसार!

तुम असीम विस्तार ज्योति के
मैं तारक सुकुमार,
तेरी रेखारूपहीनता
है जिसमें साकार!

फूलों पर नीरव रजनी के
शून्य पलों के भार,
पानी करते रहते जिसके
मोती के उपहार;

जब समीर-यानों पर उड़ते
मेघों के लघु बाल,
उनके पथ पर जो बुन देता
मृदु आभा के जाल;

जो रहता तम के मानस में
ज्यों पीड़ी का दाग,
आलोकित करता दीपक-सा
अन्तर्हित अनुराग!

जब प्रभात में मिट जाता
छाया का कारागार,
मिल दिन में असीम हो जाता
जिसका लघु आकार!

मैं तुमसे हूँ एक, एक हैं
जैसे रश्मि-प्रकाश,
मैं तुमसे हूँ भिन्न, भिन्न ज्यों
घन से तड़ित्-विलास;

मुझे बाँधने आते हो लघु
सीमा में चुपचाप,
कर पाओगे भिन्न कभी क्या
ज्वाला से उत्ताप?

●

(17)

प्रिय इन नयनों का अश्रु-नीर!

दुख से आविल, सुख से पंकिल,
बुद्‌बुद्-से स्वप्नों से फेनिल,
बहता है युग-युग से अधीर!

जीवन-पथ का दुर्गमतम तल,
अपनी गति से कर सजल सरल,
शीतल करता युग तृषित तीर!

इसमें उपजा यह नीरज सित,
कोमल-कोमल लज्जित मीलित,
सौरभ-सी लेकर मधुर पीर!

इसमें न पंक का चिह्न शेष,
इसमें न ठहरता सलिल-लेश,
इसको न जगाती मधुप-भीर!

तेरे करुणा-कण से विलसित,
हो तेरी चितवन से विकसित,
छू तेरी श्वासों का समीर!

●

(18)

धीरे-धीरे उतर क्षितिज से
आ वसन्त-रजनी!

तारकमय नव वेणीबन्धन,
शीश-फूल कर शशि का नूतन,
रश्मि-वलय सित घन-अवगुण्ठन,

मुक्ताहल अभिराम बिछा दे
चितवन से अपनी!
पुलकती आ वसन्त-रजनी!

मर्मर की, सुमधुर नूपुर-ध्वनि,
अलि-गुंजित पद्मों की किंकिणि,
भर पद-गति में अलस तरंगिणि,

तरल रजत की धार बहा दे
मृदु स्मित से रजनी!
विहँसती आ वसन्त-रजनी!

पुलकित स्वप्नों की रोमावलि,
कर में हो स्मृतियों की अंजलि,
मलयानिल का चल दुकूल अलि,

घिर छाया-सी श्याम, विश्व को,
आ अभिसार बनी!
सकुचती आ वसन्त-रजनी!

सिहर सिहर उठता सरिता-उर,
खुल-खुल पड़ते सुमन सुधा-भर,
मचल-मचल आते पल फिर-फिर,

सुन प्रिय की पद-चाप हो गयी
पुलकित यह अवनी!
सिहरती आ वसन्त-रजनी!

●

(19)

पुलक-पुलक उर, सिहर-सिहर तन,
आज नयन आते क्यों भर-भर?

सकुच सलज खिलती शेफाली,
अलस मौलश्री डाली-डाली;
बुनते नव प्रवाल कुंजों में,
रजत-श्याम तारों से जाली;

शिथिल मधु-पवन, गिर-गिन मधु-कण,
हरसिंगार झरते हैं झर-झर!
आज नयन आते क्यों भर-भर?

पिक की मधुमय वंशी बोली,
नाच उठी सुन अलिनी भोली;
अरुण सजल पाटल बरसाता;
तम पर मृदु पराग की रोली;

मृदुल अंक धर, दर्पण-सा सर,
आँज रही निशि दृग-इन्दीवर!
आज नयन आते क्यों भर-भर?

आँसू बन-बन तारक आते,
सुमन हृदय में सेज बिछाते,
कम्पित बानीरों के वन भी,
रह-रह करुण विहाग सुनाते;

निद्रा उन्मन, कर-कर विचरण,
लौट रही सपने संचित कर!
आज नयन आते क्यों भर-भर?

जीवन, जल-कण से निर्मित-सा,
चाह-इन्द्रधनु से चित्रित-सा;
सजल मेघ-सा धूमिल है जग,
चिर नूतन सकरुण पुलकित-सा;

तुम विद्युत् बन, आओ पाहुन!
मेरी पलकों में पग धर-धर!
आज नयन आते क्यों भर-भर?

●

(20)

कौन तुम मेरे हृदय में?

कौन मेरी कसक में नित
मधुरता भरता अलक्षित?
कौन प्यासे लोचनों में
घुमड़ घिर झरता अपरिचित?

स्वर्ण-स्वप्नों का चितेरा
नींद के सूने निलय में!
कौन तुम मेरे हृदय में?

अनुसरण निश्वास मेरे
कर रहे किसका निरन्तर?
चूमने पदचिह्न किसके
लौटते यह श्वास फिर-फिर?

कौन बन्दी कर मुझे अब
बँध गया अपनी विजय में?
कौन तुम मेरे हृदय में?

एक करुण अभाव में चिर—
तृप्ति का संसार संचित;
एक लघु क्षण दे रहा
निर्वाण के वरदान शत-शत;

पा लिया मैंने किसे इस
वेदना के मधुर क्रय में?
कौन तुम मेरे हृदय में?

गूँजता उर में न जाने
दूर के संगीत-सा क्या?
आज खो निज को मुझे
खोया मिला, विपरीत-सा क्या?

क्या नहा आयी विरह-निशि
मिलन-मधु-दिन के उदय में?
कौन तुम मेरे हृदय में?

तिमिर-पारावार में
आलोक-प्रतिमा है अकम्पित;
आज ज्वाला से बरसता
क्यों मधुर घनसार सुरभित?

सुन रही हूँ एक ही
झंकार जीवन में प्रलय में?
कौन तुम मेरे हृदय में?

मूक सुख-दुख कर रहे
मेरा नया शृंगार-सा क्या?
झूम गर्वित स्वर्ग देता—
नत धरा को प्यार-सा क्या?

आज पुलकित सृष्टि क्या
करने चली अभिसार लय में?
कौन तुम मेरे हृदय में?

●

(21)

विरह का जलजात जीवन, विरह का जलजात!
वेदना में जन्म, करुणा में मिला आवास;
अश्रु चुनता दिवस इसका, अश्रु गिनती रात!
जीवन विरह का जलजात!

आँसुओं का कोष उर, दृग अश्रु की टकसाल;
तरल जल-कण से बने घन-सा क्षणिक मृदु गात!
जीवन विरह का जलजात!

अश्रु से मधुकण लुटाता आ यहाँ मधुमास;
अश्रु ही की हाट बन आती करुण बरसात!
जीवन विरह का जलजात!

काल इसको दे गया पल-आँसुओं का हार;
पूछता इसकी कथा निश्वास ही में वात!
जीवन विरह का जलजात!

जो तुम्हारा हो सके लीलाकमल यह आज,
खिल उठे निरुपम तुम्हारी देख स्मित का प्रात!
जीवन विरह का जलजात!

●

(22)

बीन भी हूँ मैं तुम्हारी रागिनी भी हूँ!
नींद थी मेरी अचल निस्पन्द कण-कण में,
प्रथम जागृति थी जगत् के प्रथम स्पन्दन में;
प्रलय में मेरा पता पदचिह्न जीवन में,
शाप हूँ जो बन गया वरदान बन्धन में;
कूल भी हूँ कूलहीन प्रवाहिनी भी हूँ!

नयन में जिसके जलद वह तृषित चातक हूँ;
शलभ जिसके प्राण में वह निठुर दीपक हूँ;
फूल को उर में छिपाये विकल बुलबुल हूँ,
एक होकर दूर तन से छाँह वह चल हूँ;
दूर तुमसे हूँ अखण्ड सुहागिनी भी हूँ!

आग हूँ जिसके ढुलकते बिन्दु हिमजल के,
शून्य हूँ जिसको बिछे हैं पाँवड़े पल के;
पुलक हूँ वह जो पला है कठिन प्रस्तर में,
हूँ वही प्रतिबिम्ब जो आधार के उर में;
नील घन भी हूँ सुनहली दामिनी भी हूँ!

नाश भी हूँ मैं अनन्त विकास का क्रम भी,
त्याग का दिन भी चरम आसक्ति का तम भी;
तार भी, आघात भी, झंकार की गति भी,
पात्र भी, मधु भी, मधुप भी, मधुर विस्मृति भी;
अधर भी हूँ और स्मित की चाँदनी भी हूँ!

●

(23)

मधुर-मधुर मेरे दीपक जल!
युग-युग प्रतिदिन प्रतिक्षण प्रतिपल,
प्रियतम का पथ आलोकित कर!

सौरभ फैला विपुल धूप बन,
मृदुल मोम-सा घुल रे मृदु तन;
दे प्रकाश का सिन्धु अपरिमित,
तेरे जीवन का अणु गल-गल!
पुलक-पुलक मेरे दीपक जल!

सारे शीतल कोमल नूतन,
माँग रहे तुझसे ज्वाला-कण;
विश्व-शलभ सिर धुन कहता 'मैं
हाय न जल पाया तुझमें मिल!'
सिहर-सिहर मेरे दीपक जल!

जलते नभ में देख असंख्यक,
स्नेहहीन नित कितने दीपक;
जलमय सागर का उर जलता,
विद्युत् ले घिरता है बादल!
विहँस-विहँस मेरे दीपक जल!

द्रुम के अंग हरित कोमलतम,
ज्वाला को करते हृदयंगम;
वसुधा के जड़ अन्तर में भी,
बन्दी है तापों की हलचल!
बिखर-बिखर मेरे दीपक जल!

मेरी निश्वासों से द्रुततर,
सुलभ न तू बुझने का भय कर;
मैं अंचल की ओट किये हूँ
अपनी मृदु पलकों से चंचल!
सहज-सहज मेरे दीपक जल!

सीमा ही लघुता का बन्धन,
है अनादि तू मत घड़ियाँ गिन;
मैं दृग के अक्षय कोषों से—
तुझमें भरती हूँ आँसू-जल!
सजल-सजल मेरे दीपक जल!

तम असीम तेरा प्रकाश चिर,
खेलेंगे नव खेल निरन्तर;
तम के अणु-अणु में विद्युत्-सा-
अमिट चित्र अंकित करता चल!
सरल-सरल मेरे दीपक जल!

तू जल-जल जितना होता क्षय,
वह समीप आता छलनामय;
मधुर मिलन में मिट जाना तू—
उसकी उज्ज्वल स्मित में घुल खिल!
मदिर-मदिर मेरे दीपक जल!
प्रियतम का पथ आलोकित कर!

●

(24)

टूट गया वह दर्पण निर्मम!
उसमें हँस दी मेरी छाया,
मुझमें रो दी ममता माया,
अश्रु-हास ने विश्व सजाया,
रहे खेलते आँखमिचौनी
प्रिय! जिसके परदे में 'मैं' 'तुम'!
टूट गया वह दर्पण निर्मम!

अपने दो आकार बनाने,
दोनों का अभिसार दिखाने,
भूलों का संसार बसाने,
जो झिलमिल-झिलमिल-सा तुमने
हँस-हँस दे डाला था निरुपम!
टूट गया वह दर्पण निर्मम!

कैसा पतझर कैसा सावन,
कैसी मिलन-विरह की उलझन,
कैसा पल-घड़ियोंमय जीवन,

कैसे निशि-दिन कैसे सुख-दुख
आज विश्व में तुम हो या तम!
टूट गया वह दर्पण निर्मम!

किसमें देख सँवारूँ कुन्तल,
अंगराग पुलकों का मल-मल,
स्वप्नों से आँजूँ पलकें चल,

किस पर रीझूँ किससे रूठूँ,
भर लूँ किस छवि से अन्तरतम!
टूट गया वह दर्पण निर्मम!

आज कहाँ मेरा अपनापन,
तेरे छिपने का अवगुण्ठन,
मेरा बन्धन तेरा साधन,

तुम मुझमें अपना सुख देखो
मैं तुममें अपना दुख प्रियतम!
टूट गया वह दर्पण निर्मम!

●

(25)

मुस्काता संकेत-भरा नभ
अलि क्या प्रिय आनेवाले हैं?

विद्युत् के चल स्वर्णपाश में बँध हँस देता रोता जलधर;
अपने मृदु मानस की ज्वाला गीतों से नहलाता सागर;

दिन निशि को, देती निशि दिन को
कनक-रजत के मधु-प्याले हैं!
अलि क्या प्रिय आनेवाले हैं?

मोती बिखरातीं नूपुर के छिप तारक-परियाँ नर्तन कर;
हिमकण पर आता-जाता, मलयानिल परिमल से अंजलि भर;

भ्रान्त पथिक-से फिर-फिर आते
विस्मित पल क्षण मतवाले हैं!
अलि क्या प्रिय आनेवाले हैं?

सघन वेदना के तम में, सुधि जाती सुख-सोने के कण भर;
सुरधनु नव रचतीं निश्वासें, स्मित का इन भीगे अधरों पर;

आज आँसुओं के कोषों पर,
स्वप्न बने पहरेवाले हैं!
अलि क्या प्रिय आनेवाले हैं?

नयन श्रवणमय श्रवण नयनमय आज हो रही कैसी उलझन!
रोम-रोम में होता री सखि एक नया उर का-सा स्पन्दन!

पुलकों से भर फूल बन गये
जितने प्राणों के छाले हैं!
अलि क्या प्रिय आनेवाले हैं?

●

(26)

झरते नित लोचन मेरे हों!
जलती जो युग-युग से उज्ज्वल,
आभा से रच-रच मुक्ताहल

वह तारक-माला उनकी,
चल विद्युत् के कंकण मेरे हों!
झरते नित लोचन मेरे हों!

ले-ले तरल रजत औ' कंचन,
निशि-दिन ने लीपा जो आँगन,

वह सुषमामय नभ उनका,
पल-पल मिटते नव घन मेरे हों!
झरते नित लोचन मेरे हों!

पद्मराग-कलियों से विकसित,
नीलम के अलियों से मुखरित,

चिर सुरभित नन्दन उनका,
यह अश्रु-भार-नत तृण मेरे हों!
झरते नित लोचन मेरे हों!

तम-सा नीरव नभ-सा विस्तृत,
हास रुदन से दूर अपरिचित;

वह सूनापन हो उनका,
यह सुख-दुखमय स्पन्दन मेरे हों!
झरते नित लोचन मेरे हों!

जिसमें कसक न सुधि का दंशन,
प्रिय में मिट जाने के साधन,

वे निर्वाण-मुक्ति उनके,
जीवन के शत-बन्धन मेरे हों!
झरते नित लोचन मेरे हों!

बुद्बुद् में आवर्त्त अपरिमित,
कण में शत जीवन परिवर्तित,

हों चिर सृष्टि-प्रलय उनके,
बनने मिटने के क्षण मेरे हों!
झरते नित लोचन मेरे हों!

सस्मित पुलकित नित परिमलमय,
इन्द्रधनुष-सा नवरंगोंमय;

अग-जग उनका कण-कण उनका,
पल भर वे निर्मम मेरे हों!
झरते नित लोचन मेरे हों!

●

(27)

लायें कौन सँदेश नये घन!

अम्बर गर्वित,
हो आया नत,

चिर निस्पन्द हृदय में उसके
उमड़ें री पुलकों के सावन!
लाये कौन सँदेश नये घन!

चौंकी निद्रित,
रजनी अलसित,

श्यामल पुलकित कम्पित कर में
दमक उठे विद्युत् के कंकण
लाये कौन सँदेश नये घन!

दिशि का चंचल
परिमल - अंचल,

छिन्न हार से बिखर पड़े सखि!
जुगनूँ के लघु हीरक के कण!
लाये कौन सँदेश नये घन!

जड़ जग स्पन्दित,
निश्चल कम्पित,

फूट पड़े अवनी के संचित
सपने मृदुतम अंकुर बन-बन!
लाये कौन सँदेश नये घन!

रोया चातक,
सकुचाया पिक,

मत्त मयूरों ने सूने में
झड़ियों का दुहराया नर्तन!
लाये कौन सँदेश नये घन!

सुख दुख से भर—
आया लघु उर,

मोती-से उलझे जलकण से
छाये मेरे विस्मित लोचन!
लाये कौन सँदेश नये घन!

●

(28)

प्राणपिक प्रिय-नाम रे कह!

मैं मिटी निस्सीम प्रिय में,
वह गया बँध लघु हृदय में
अब विरह की रात को तू
चिर मिलन का प्रात रे कह!

दुख-अतिथि का धो चरणतल,
विश्व रसमय कर रहा जल;
यह नहीं क्रन्दन हठीले!
सजल पावसमास रे कह!

ले गया जिसको लुभा दिन,
लौटती वह स्वप्न बन-बन,
है न मेरी नींद, जागृति
का इसे उत्पात रे कह!

एक प्रिय-दृग-श्यामता-सा,
दूसरा स्मित की विभा-सा,
यह नहीं निशिदिन इन्हें
प्रिय का मधुर उपहार रे कह!

श्वास से स्पन्दन रहे झर,
लोचनों से रिस रहा उर;
दान क्या प्रिय ने दिया
निर्वाण का वरदान रे कह!

चल क्षणों का क्षणिक-संचय,
बालुका से बिन्दु-परिचय,
कह न जीवन तू इसे
प्रिय का निठुर उपहार रे कह!

●

(29)

क्या पूजन क्या अर्चन रे?
उस असीम का सुन्दर मन्दिर मेरा लघुतम जीवन रे!
मेरी श्वासें करती रहतीं नित प्रिय का अभिनन्दन रे!

पदरज को धोने उमड़े आते लोचन में जलकण रे!
अक्षत पुलकित रोम, मधुर मेरी पीड़ा का चन्दन रे!

स्नेह भरा जलता है झिलमिल मेरा यह दीपक मन रे!
मेरे दृग के तारक में नव उत्पल का उन्मीलन रे!

धूप बने उड़ते जाते हैं प्रतिपल मेरे स्पन्दन रे!
प्रिय-प्रिय जपते अधर, ताल देता पलकों का नर्तन रे।

●

(30)

जाग बेसुध जाग!

अश्रुकण से उर सजाया त्याग हीरक-हार,
भीख दुख की माँगने फिर जो गया प्रतिद्वार;
शूल जिसने फूल छू चन्दन किया, सन्ताप,
सुन जगाती है उसी सिद्धार्थ की पद-चाप;
करुणा के दुलारे जाग!

शंख में ले नाश मुरली में छिपा वरदान,
दृष्टि में जीवन अधर में सृष्टि से छविमान,
आ रचा जिसने स्वरों में प्यार का संसार,
गूँजती प्रतिध्वनि उसी की फिर क्षितिज के पार,
वृन्दाविपिनवाले जाग!

रात के पथहीन तम में मधुर जिसके श्वास,
फैल भरते लघु कणों में भी असीम सुवास,
कण्टकों की सेज जिसकी आँसुओं का ताज,
सुभग! हँस उठ, उस प्रफुल्ल गुलाब ही-सा आज,
बीती रजनि प्यारे जाग!

(31)

प्रिय! सान्ध्य गगन
मेरा जीवन!

यह क्षितिज बना धुँधला विराग,
नव अरुण-अरुण मेरा सुहाग,
छाया-सी काया वीतराग,
सधि भीने स्वप्न रँगीले घन!

साधों का आज सुनहलापन,
घिरता विषाद का तिमिर सघन,
सन्ध्या का नभ से मूक मिलन—
यह अश्रुमती हँसती चितवन!

लाता भर श्वासों का समीर,
जग से स्मृतियों का गन्ध धीर,
सुरभित हैं जीवन-मृत्यु-तीर,
रोमों में पुलकित कैरव-वन!

अब आदि-अन्त दोनों मिलते,
रजनी-दिन परिणय-से खिलते,
आँसू मिस हिम के कण ढुलते,
ध्रुव आज बना स्मृति का चल क्षण!

इच्छाओं के सोने-से शर,
किरणों-से द्रुत झीने सुन्दर,
सूने असीम नभ में चुभकर—
बन-बन आते नक्षत्र-सुमन!

घर आज चले सुख-दुःख-विहग!
तम पोंछ रहा मेरा अग जग;
छिप आज चला वह चित्रित मग;
उतरो अब पलकों में पाहुन!

●

(32)

रागभीनी तू सजनि निश्वास भी तेरे रँगीले!

लोचनों में क्या मदिर नव?
देख जिसको नीड़ की सुधि फूट निकली बन मधुर रव!

झूलते चितवन गुलाबी—
में चले घर खग हठीले!
रागभीनी तू सजनि निश्वास भी तेरे रँगीले!

छोड़ किस पाताल का पुर?
राग से बेसुध, चपल सपने लजीले नयन में भर,

रात नभ के फूल लायी,
आँसुओं से कर सजीले!
रागभीनी तू सजनि निश्वास भी तेरे रँगीले!

आज इन तन्द्रिल पलों में
उलझतीं अलकें सुनहली असित निशि के कुन्तलों में!

रजनी नीलमरज भरे
रँग चूनरी के अरुण पीले!
रागभीनी तू सजनि निश्वास भी तेरे रँगीले!

रेख-सी लघु तिमिर लहरी,
चरण छू तेरे हुई है सिन्धु सीमाहीन गहरी!

गीत तेरे पार जाते
बादलों की मृदु तरी ले!
रागभीनी तू सजनि निश्वास भी तेरे रँगीले!

कौन छायालोक की स्मृति,
कर रही रंगीन प्रिय के द्रुत पदों की अंक-संसृति,

सिहरती पलकें किये—
देती विहँसते अधर गीले!
रागभीनी तू सजनि निश्वास भी तेरे रँगीले!

●

(33)

ज़ाने किस जीवन की सुधि ले
लहराती आती मधु-बयार!

रंजित कर दे यह शिथिल चरण ले नव अशोक का अरुण राग,
मेरे मण्डन को आज मधुर ला रजनीगन्धा का पराग,
यूथी की मीलित कलियों से
अलि दे मेरी कबरी सँवार।

पाटल के सुरभित रंगों से रँग दे हिम-सा उज्ज्वल दुकूल;
गुथ दे रशना में अलि-गुंजन से पूरित झरते बकुल-फूल;
रजनी से अंजन माँग सजनि
दे मेरे अलसित नयन सार!

तारक-लोचन से सींच-सींच नभ करता रज को विरज आज;
बरसाता पथ में हरसिंगार केसर से चर्चित सुमन-लाज;
कण्टकित रसालों पर उठता—
है पागल पिक मुझको पुकार!
लहराती आती मधु-बयार!

●

(34)

शून्य मन्दिर में बनूँगी आज मैं प्रतिमा तुम्हारी!
अर्चना हों शूल भोले,
क्षार दृग-जल अर्घ्य हो ले,
आज करुणा-स्नात उजला
दुःख हो मेरा पुजारी!
नूपुरों का मूक छूना,
स-रव कर दे विश्व सूना,
यह अगम आकाश उतरे
कम्पनों का हो भिखारी!
लोल तारक भी अचंचल
चल न मेरी एक कुन्तल,
अचल रोमों में समायी
मुग्ध हो गति आज सारी!
राग मद की दूर लाली,
साध भी इसमें न पाली,
शून्य चितवन में बसेगी
मूक हो गाथा तुम्हारी!

●

(35)

शलभ मैं शापमय वर हूँ!
किसी का दीप निष्ठुर हूँ!
ताज है जलती शिखा
चिनगारियाँ शृंगारमाला;
ज्वाल अक्षय कोष-सी
अंगार मेरी रंगशाला;
नाश में जीवित किसी की साध सुन्दर हूँ!

नयन में रह किन्तु जलती
पुतलियाँ आगार होंगी;
प्राण मैं कैसे बसाऊँ
कठिन अग्नि-समाधि होगी;
फिर कहाँ पालूँ तुझे मैं मृत्यु-मन्दिर हूँ!

हो रहे झरकर दृगों से
अग्नि-कण भी क्षार शीतल;
पिघलते उर से निकल
निश्वास बनते धूम श्यामल;
एक ज्वाला के बिना मैं राख का घर हूँ!

कौन आया था न जाने
स्वप्न में मुझको जगाने;
याद में उन अँगुलियों के
है मुझे पर युग बिताने
रात के उर में दिवस की चाह का शर हूँ!

शून्य मेरा जन्म था
अवसान है मुझको सवेरा;
प्राण आकुल के लिए
संगी मिला केवल अँधेरा;
मिलन का मत नाम ले मैं विरह में चिर हूँ!

●

(36)

मैं सजग चिर साधना ले!

सजग प्रहरी से निरन्तर,
जागते अलि रोम निर्झर;
निमिष के बुद्‌बुद् मिटाकर,
एक रस है समय-सागर!
हो गयी आराध्यमय मैं विरह की आराधना ले!

मूँद पलकों में अचंचल;
नयन का जादूभरा तिल,
दे रही हूँ अलख अविकल—
को सजीला रूप तिल-तिल!
आज वर दो मुक्ति आवे बन्धनों की कामना ले!

विरह का युग आज दीखा,
मिलन के लघु पल सरीखा;
दुःख-सुख में कौन तीखा,
मैं न जानी औ' न सीखा!
मधुर मुझको हो गये सब मधुर प्रिय की भावना ले!

●

(37)

मैं नीर भरी दुख की बदली!

स्पन्दन में चिर निस्पन्द बसा,
क्रन्दन में आहत विश्व हँसा,

नयनों में दीपक-से जलते
पलकों में निर्झरिणी मचली!

मेरा पग-पग संगीत-भरा,
श्वासों से स्वप्न-पराग झरा,

नभ के नव रँग बुनते दुकूल,
छाया में मलय-बयार पली!

मैं क्षितिज-भृकुटि पर घिर धूमिल,
चिन्ता का भार बनी अविरल,

रज-कण पर जल-कण हो बरसी
नवजीवन-अंकुर बन निकली!

पथ को न मलिन करता आना,
पद-चिह्न न दे जाता जाना,

सुधि मेरे आगम की जग में
सुख की सिहरन हो अन्त खिली!

विस्तृत नभ का कोई कोना,
मेरा न कभी अपना होना,

परिचय इतना इतिहास यही
उमड़ी कल थी मिट आज चली।

●

(38)

फिर विकल हैं प्राण मेरे!

तोड़ दो यह क्षितिज मैं भी देख लूँ उस ओर क्या है!
जा रहे जिस पन्थ से युग कल्प उसका छोर क्या है?
क्यों मुझे प्राचीर बनकर
आज मेरे श्वास घेरे?

सिन्धु की निःसीमता पर लघु लहर का लास कैसा?
दीप लघु शिर पर धरे आलोक का आकाश कैसा?
दे रही मेरी चिरन्तनता
क्षणों के साथ फेरे!

बिम्बग्राहकता कणों को शलभ को चिर साधना दी,
पुलक से नभ भर धरा को कल्पनामय वेदना दी;
मत कहो हे विश्व 'झूठे
हैं अतुल वरदान तेरे'!

नभ डुबा पाया न अपनी बाढ़ में भी क्षुद्र तारे,
ढूँढ़ने करुणा मृदुल घन चीर कर तूफान हारे;
अन्त के तम में बुझे क्यों
आदि के अरमान मेरे!

●

(39)

चिर सजग आँखें उनींदी आज कैसा व्यस्त बाना!
जाग तुझको दूर जाना!

अचल हिमगिरि के हृदय में आज चाहे कम्प हो ले,
या प्रलय के आँसुओं में मौन अलसित व्योम रो ले;
आज पी आलोक को डोले तिमिर की घोर छाया,
जाग या विद्युत्-शिखाओं में निठुर तूफान बोले!

पर तुझे है नाश-पथ पर चिह्न अपने छोड़ आना!
जाग तुझको दूर जाना!

बाँध लेंगे क्या तुझे यह मोम के बन्धन सजीले?
पन्थ की बाधा बनेंगे तितलियों के पर रँगीले?

विश्व का क्रन्दन भुला देगी मधुप की मधुर गुनगुन,
क्या डुबो देंगे तुझे यह फूल के दल ओस-गीले?
तू न अपनी छाँह को अपने लिये कारा बनाना!
जाग तुझको दूर जाना!

व्रज का उर एक छोटे अश्रुकण में धो गलाया,
दे किसे जीवन-सुधा दो घूँट मदिरा माँग लाया?

सो गयी आँधी मलय की वात का उपधान ले क्या?
विश्व का अभिशाप क्या चिर नींद बनकर पास आया?

अमरता-सुत चाहता क्यों मृत्यु को उर में बसाना!
जाग तुझको दूर जाना!

कह न ठण्ढी साँस में अब भूल वह जलती कहानी,
आग हो उर में तभी दृग में सजेगा आज पानी;

हार भी तेरी बनेगी मानिनी जय की पताका,
राख क्षणिक पतंग की है अमर दीपक की निशानी!

है तुझे अंगार-शय्या पर मृदुल कलियाँ बिछाना!
जाग तुझको दूर जाना!

●

(40)

कीर का प्रिय आज पिञ्जर खोल दो!

हो उठी हैं चंचु छूकर,
तीलियाँ भी वेणु सस्वर;
बन्दिनी स्पन्दित व्यथा ले,
सिहरता जड़ मौन पिञ्जर!

आज जड़ता में इसी की बोल दो!

जग पड़ा छू अश्रु-धारा,
हत परों का विभव सारा;
अब अलस बन्दी युगों का—
ले उड़ेगा शिथिल कारा!

पंख पर वे सजल सपने तोल दो!

क्या तिमिर कैसी निशा है!
आज विदिशा ही दिशा है,
दूर-खग आ निकटता के
अमर बन्धन में बसा है!

प्रलय घन में आज राका घोल दो!

चपल पारद-सा विकल तन,
सजल नीरद-सा भरा मन,
नाप नीलाकाश ले जो—
बेड़ियों का माप यह बन,

एक किरण अनन्त दिन की मोल दो!

●

(41)

क्यों मुझे प्रिय हों न बन्धन!

बन गया तम-सिन्धु का, आलोक सतरंगी पुलिन-सा;
रजभरे जग-बाल से है, अंक विद्युत् का मलिन-सा;

स्मृति-पटल पर कर रहा अब
वह स्वयं निज रूप अंकन!

चाँदनी मेरी अमा का भेंटकर अभिषेक करती;
मृत्यु-जीवन के पुलिन दो आज जागृति एक करती;

हो गया अब दूत प्रिय का
प्राण का सन्देश-स्पन्दन!

सजनि मैंने स्वर्ण-पिञ्जर में प्रलय का वात पाला;
आज पुञ्जीभूत तम को कर, बना डाला उजाला;

तूल से उर में समा कर
हो रही नित ज्वाल चन्दन!

आज विस्मृति-पन्थ में निधि से मिले पदचिह्न उनके;
वेदना लौटा रही है विफल खोये स्वप्न गिनके;

घुल हुई इन लोचनों में
चिर प्रतीक्षा पूत अंजन!

आज मेरा खोज-खग गाता चला लेने बसेरा,
कह रहा सुख अश्रु से 'तू है चिरन्तन प्यार मेरा';

बन गये बीते युगों को
विकल मेरे श्वास स्पन्दन!

बीन-बन्दी तार की झंकार है आकाशचारी;
धूलि के इस मलिन दीपक से बँधा है तिमिरहारी;

बाँधती निर्बन्ध को मैं
बन्दिनी निज बेड़ियाँ गिन!

नित सुनहरी साँझ के पद से लिपट आता अँधेरा;
पुलक-पंखी विरह पर उड़ आ रहा है मिलन मेरा;

कौन जाने है बसा उस पार
तम या रागमय दिन!

●

(42)

हे चिर महान्!

यह स्वर्णरश्मि छू श्वेत-भाल,
बरसा जाती रंगीन हास;

सेली बनता है इन्द्रधनुष,
परिमल मल-मल जाता बतास!

पर रागहीन तू हिमनिधान!

नभ में गर्वित झुकता न शीश,
पर अंक लिये है दीन क्षार;

मन गल जाता नत विश्व देख,
तन सह लेता है कुलिश-भार!

कितने मृदु कितने कठिन प्राण!

टूटी है कब तेरी समाधि,
झंझा लौटे शत हार-हार;

बह चला दृगों से किन्तु नीर;
सुनकर जलते कण की पुकार!

सुख से विरक्त दुख में समान!

मेरे जीवन का आज मूक,
तेरी छाया से हो मिलाप;

तन तेरी साधकता छू ले,
मन ले करुणा की थाह नाप!

उर में पावस दृग में विहान!

●

(43)

तिमिर में वे पदचिह्न मिले।

युग-युग का पन्थी आकुल मन,
बाँध रहा पथ के रजकण चुन;
श्वासों में रुँधे दुख के पल
बन-बन दीप चले!

अलसित तन में, विद्युत्-सी भर,
वर बनते मेरे श्रम-सीकर;
एक-एक आँसू में शत-शत
शतदल-स्वप्न खिले!

सजनि प्रिय के पदचिह्न मिले!

●

(44)

दीप मेरे जल अकम्पित,

घुल अचंचल।

सिन्धु का उच्छ्वास घन है,
तड़ित्, तम का विकल मन है,
भीति क्या नभ है व्यथा का
आँसुओं से सिक्त अंचल,

स्वर प्रकम्पित कर दिशाएँ,
मीड़, सब भू की शिराएँ,
गा रहे आँधी-प्रलय
तेरे लिये ही आज मंगल।

मोह क्या निशि के वरों का,
शलभ के झुलसे परों का,
साथ अक्षय ज्वाल का
तू ले चला अनमोल सम्बल!

पथ न भूले, एक पग भी,
घर न खोये, लघु विहग भी,
स्निग्ध लौ की तूलिका से
आँक सबकी छाँह उज्ज्वल!

हो लिये सब साथ अपने,
मृदुल आहटहीन सपने,
तू इन्हें पाथेय बिन, चिर
प्यास के मरु में न खो, चल!

धूम में अब बोलना क्या?
क्षार में अब तोलना क्या?
प्रात हँस रोकर गिनेगा,
स्वर्ण कितने हो चुके पल!

दीप रे तू गल अकम्पित,
जल अचंचल।

(45)

पन्थ होने दो अपरिचित प्राण रहने दो अकेला!

घेर ले छाया अमा बन,
आज कज्जल-अश्रुओं में रिमझिमा ले यह घिरा घन,

और होंगे नयन सूखे,
तिल बुझे औ' पलक रूखे,
आर्द्र चितवन में यहाँ
शत विद्युतों में दीप खेला!

अन्य होंगे चरण हारे,
और हैं जो लौटते, दे शूल को संकल्प सारे,

दुखव्रती निर्माण-उन्मद,
यह अमरता नापते पद,
बाँध देंगे अंक-संसृति
से तिमिर में स्वर्ण-वेला!

दूसरी होगी कहानी,
शून्य में जिसके मिटे स्वर, धूलि में खोयी निशानी,

आज जिस पर प्रलय विस्मित,
मैं लगाती चल रही नित,
मोतियों की हाट ओ'
चिनगारियों का एक मेला!

हास का मधु-दूत भेजो,
रोष की भ्रू-भंगिमा पतझार को चाहे सहेजो!

ले मिलेगा उर अचंचल,
वेदना-जल, स्वप्न-शतदल,
जान लो यह मिलन-एकाकी
विरह में है दुकेला!

पन्थ होने दो अपरिचित प्राण रहने दो अकेला!

●

(46)

प्राण हँसकर ले चला जब
चिर व्यथा का भार!

उभर आये सिन्धु उर में
वीचियों के लेख,
गिरि-कपोलों पर न सूखी
आँसुओं की रेख!
धूलि का तब से न रुक पाया कसक-व्यापार!

शान्त दीपों में जगी नभ
की समाधि अनन्त,
बन गये प्रहरी, पहन
आलोक-तिमिर, दिगन्त!
किरण तारों पर हुए हिम-बिन्दु बन्दनवार!

स्वर्ण-शर से साध के
घन ने लिया उर बेध,
स्वप्न-विहगों को हुआ
यह क्षितिज मूक निषेध!
क्षण चले करने कणों का पुलक से शृंगार!

शून्य के निश्वास ने दी
तूलिका-सी फेर,
ज्वार शत-शत रंग के
फैले धरा को घेर!
वात अणु-अणु में समा रचने लगी विस्तार!

अब न लौटाने कहो
अभिशाप की वह पीर,
बन चुकी स्पन्दन हृदय में
वह नयन में नीर!
अमरता उसमें मनाती है मरण-त्योहार!

छाँह में उसकी गये आ
शूल फूल समीप,
ज्वाल का मोती सँभाले
मोम की यह सीप!
सृजन के शत दीप थामे प्रलय-दीपाधार!

●

(47)

सब बुझे दीपक जला लूँ!
घिर रहा तम आज दीपक-रागिनी अपनी जगा लूँ!

क्षितिज-कारा तोड़कर अब
गा उठी उन्मत्त आँधी,
अब घटाओं में न रुकती
लास-तन्मय तड़ित् बाँधी,
धूलि की इस वीण पर मैं तार हर तृण का मिला लूँ।

भीत तारक मूँदते दृग
भ्रान्त मारुत पथ न पाता,
छोड़ उल्का अंक नभ में
ध्वंस आता हरहराता
उँगलियों की ओट में सुकुमार सब सपने बचा लूँ!

लय बनी मृदु वर्तिका
उर स्वर जला बन लौ सजीली,
फैलती आलोक-सी
झंकार मेरी स्नेह-गीली,
इस मरण के पर्व को मैं आज दीपाली बना लूँ!

देखकर कोमल व्यथा को
आँसुओं के सजल रथ में,
मोम-सी साधें बिछा दी
थीं इसी अंगार-पथ में,
स्वर्ण हैं वे मत कहो अब क्षार में उनको सुला लूँ!

अब तरी पतवार लाकर
तुम दिखा मत पार देना,
आज गर्जन में मुझे बस
एक बार पुकार लेना!

ज्वार को तरणी बना मैं इस प्रलय का पार पा लूँ!
आज दीपक राग गा लूँ!

●

(48)

हुए शूल अक्षत मुझे धूलि चन्दन!

अगरु-धूम-सी साँस सुधि-गन्ध-सुरभित,
बनी स्नेह-लौ आरती चिर अकम्पित,
हुआ नयन का नीर अभिषेक-जल-कण!

सुनहरे सजीले रँगीले, छबीले,
हसित कण्टकित अश्रु-मकरन्द-गीले,
बिखरते रहे स्वप्न के फूल अनगिन!

असित-श्वेत गन्धर्व जो सृष्टि-लय के,
दृगों को पुरातन, अपरिचित हृदय के,
सजग यह पुजारी मिले रात औ' दिन!

परिधिहीन रंगों भरा व्योम-मन्दिर,
चरण-पीठ भू का व्यथा-सिक्त मृदु उर,
ध्वनित सिन्धु में है रजत-शंख का स्वन!

कहो मत प्रलय द्वार पर रोक लेगा,
वरद मैं मुझे कौन वरदान देगा?
हुआ कब सुरभि के लिए फूल बन्धन?

व्यथाप्राण हूँ नित्य सुख का पता मैं,
धुला ज्वाल से मोम का देवता मैं,
सृजन-श्वास हो क्यों गिनूँ नाश के क्षण!

●

(49)

कहाँ से आये बादल काले?
कजरारे मतवाले!

शूल भरा जग, धूल भरा नभ,
झुलसीं देख दिशाएँ निष्प्रभ,
सागर में क्या सो न सके यह
करुणा के रखवाले?

आँसू का तन, विद्युत् का मन,
प्राणों में वरदानों का प्रण,
धीर पदों से छोड़ चले घर,
दुख-पाथेय सँभाले!

नाँघ क्षितिज की अन्तिम दहली,
भेंट ज्वाल की बेला पहली,
जलते पथ को स्नेह पिला
पग-पग पर दीपक बाले!

गर्जन में मधु-लय भर बोले,
झंझा पर निधियाँ धर डोले,
आँसू बन उतरे तृण-कण ने
मुस्कानों में पाले!

नामों में बाँधे सब सपने,
रूपों में भर स्पन्दन अपने
रंगों के ताने-बाने में
बीते क्षण बुन डाले!

वह जड़ता हीरों से डाली,
यह भरती मोती से थाली,
नभ कहता नयनों में बस
रज कहती प्राण समा ले!

●

(50)

यह मन्दिर का दीप इसे नीरव जलने दो!

रजत शंख-घड़ियाल स्वर्ण वंशी-वीणा-स्वर,
गये आरती वेला को शत-शत लय से भर,

जब था कल कण्ठों का मेला,
विहँसे उपल तिमिर था खेला,
अब मन्दिर में इष्ट अकेला,

इसे अजिर का शून्य गलाने को गलने दो!

चरणों से चिह्नित अलिन्द की भूमि सुनहली,
प्रणत शिरों के अंक लिये चन्दन की दहली,

झरे सुमन बिखरे अक्षत सित,
धूप-अर्घ्य-नैवेद्य अपरिमित,
तम में सब होंगे अन्तर्हित,

सबकी अर्चित कथा इसी लौ में पलने दो!

पल के मनके फेर पुजारी विश्व सो गया,
प्रतिध्वनि का इतिहास प्रस्तरों बीच खो गया,

साँसों की समाधि-सा जीवन,
मसि-सागर का पन्थ गया बन,
रुका मुखर कण-कण का स्पन्दन,

इस ज्वाला में प्राण-रूप फिर से ढलने दो!

झंझा है दिग्भ्रान्त रात की मूर्च्छा गहरी,
आज पुजारी बने, ज्योति का यह लघु प्रहरी,

जब तक लौटे दिन की हलचल,
तब तक यह जागेगा प्रतिपल,
रेखाओं में भर आभा-जल,

दूत साँझ का इसे प्रभाती तक चलने दो!

●

(51)

तू धूल भरा ही आया!
ओ चंचल जीवन-बाल! मृत्यु-जननी ने अंक लगाया!

साधों ने पथ के कण मदिरा से सींचे,
झंझा आँधी ने फिर-फिर आ दृग मींचे,
आलोक तिमिर ने क्षण का कुहक बिछाया!

अंगार-खिलौनों का था मन अनुरागी,
पर रोमों में हिम-जड़ित अवशता जागी,
शत-शत प्यासों की चली लुभाती छाया!

गाढ़े विषाद ने अंग कर दिये पंकिल,
बिंध गये पगों में शूल व्यथा के दुर्मिल,
कर क्षार साँस ने उर का स्वर्ण उड़ाया!

पाथेय-हीन जब छोड़ गये सब सपने
आख्यानशेष रह गये अंक ही अपने,
तब उस अंचल ने दे संकेत बुलाया!

जिस दिन लौटा तू चकित-थकित-सा उन्मन,
करुणा से उसके भर-भर आये लोचन,
चितवन छाया में दृग-जल से नहलाया!

पलकों पर धर-धर अगणित शीतल चुम्बन,
अपनी साँसों से पोंछ वेदना के क्षण,
हिम-स्निग्ध करों से बेसुध प्राण सुलाया!

नूतन प्रभात में अक्षय गति' का वर दे,
तन सजल घटा-सा तड़ित्-छटा-सा उर दे
हँस तुझे खेलने फिर जग में पहुँचाया!

तू धूल भरा जब आया,
ओ चंचल जीवन-बाल! मृत्यु-जननी ने अंक लगाया!

●

(52)

आँसुओं के देश में!

जो कहा रुक-रुक पवन ने,
जो सुना झुक-झुक गगन ने,
साँस जो लिखती अधूरा,
प्रात रँग पाता न पूरा,
आँक डाला वह दृगों ने एक सजल निमेष में!

अतल सागर में जली जो,
मुक्त झंझा पर चली जो,
जो गरजती मेघ-स्वर में,
जो कसकती तड़ित्-उर में,
प्यास वह पानी हुई इस पुलक के उन्मेष में!

दिश नहीं प्राचीर जिसको,
पथ नहीं जंजीर जिसको,
द्वार हर क्षण को बनाता,
सिहर आता बिखर जाता,
स्वप्न वह हठकर बसा इस साँस के परदेश में!

मरण का उत्सव अजर है,
गीत जीवन का अमर है,
मुखर कण का संग मेला,
पर चला पन्थी अकेला,
मिल गया गन्तव्य, पग को कण्टकों के वेष में!

यह बताया झर सुमन ने
वह सुनाया मूक तृण ने,
वह कहा बेसुध पिकी ने,
चिर पिपासित चातकी ने,
सत्य जो दिव कह न पाया था अमिट सन्देश में!

खोज ही चिर प्राप्ति का वर,
साधना ही सिद्धि सुन्दर,
रुदन में सुख की कथा है,
विरह मिलने की प्रथा है,
शलभ जलकर दीप बन जाता निशा के शेष में!
आँसुओं के देश में!

●

(53)

मिट चली घटा अधीर?

चितवन तम-श्याम रंग,
इन्द्रधनुष भृकुटि-भंग,
विद्युत् का अंगराग,
दीपित मृदु अंग-अंग,
उड़ता नभ में अछोर तेरा नव नील चीर!

अविरत गायक विहंग,
लास-निरत किरण संग,
पग-पग पर उठते बज,
चापों में जल-तरंग,
आयी किसकी पुकार लय का आवरण चीर!

थम गया मदिर विलास,
सुख का वह दीप्त हास,
टूटे सब वलय-हार,
व्यस्त चीर अलक पाश,
बिंध गया अजान आज किसका मृदु-कठिन तीर?

छाया में सजल रात,
जुगुनूँ में स्वप्न-जात,
लेकर, नव अन्तरिक्ष,
बुनती निश्वास वात,
विगलित हर रोम हुआ रज से सुन नीर नीर!

प्यासे का जान ग्राम,
झुलसे का पूछ नाम,
धरती के चरणों पर
नभ के धर शत प्रणाम
गल गया तुषार-भार बनकर वह छवि-शरीर!

रूपों के जग अनन्त,
रँग-रस के चिर वसन्त,
बनकर साकार हुआ,
तेरा वह अमर अन्त,
भू का निर्वाण हुई तेरी वह करुण पीर!
घुल गयी घटा अधीर!

●

(54)

अलि कहाँ सन्देश भेजूँ?
मैं किसे सन्देश भेजूँ?

एक सुधि अनजान उनकी,
दूसरा पहचान मन की,
पुलक का उपहार दूँ या अश्रु-भार अशेष भेजूँ।

चरण चिर पथ के विधाता
उर अथक गति नाम पाता,
अमर अपनी खोज का अब पूछने क्या शेष भेजूँ?

नयन-पथ से स्वप्न में मिल,
प्यास में घुल साध में खिल,
प्रिय मुझी में खो गया अब दूत को किस देश भेजूँ?

जो गया छवि रूप का घन,
उड़ गया घनसार-कण बन,
उस मिलन के देश में अब प्राण को किस वेष भेजूँ?

उड़ रहे यह पृष्ठ पल के,
अंक मिटते श्वास चल के,
किस तरह लिख सहज करुणा की कथा सविशेष भेजूँ।

●

(55)

सब आँखों के आँसू उजले सबके सपनों में सत्य पला!

जिसने उसको ज्वाला सौंपी
उसने इसमें मकरन्द भरा,
आलोक लुटाता वह घुल-घुल
देता झर यह सौरभ बिखरा!
दोनों संगी पथ एक किन्तु कब दीप खिला कब फूल जला?

वह अचल धरा को भेंट रहा
शत-शत निर्झर में हो चंचल,
चिर परिधि बना भू को घेरे
इसका नित उर्मिल करुणा-जल।
कब सागर उर पाषाण हुआ, कब गिरि ने निर्मम तन बदला?

नभ-तारक-सा खण्डित पुलकित
यह सुर-धारा को चूम रहा,
वह अंगारों का मधु-रस पी
केशर-किरणों-सा झूम रहा!
अनमोल बना रहने को कब टूटा कंचन हीरक पिघला!

नीलम मरकत के सम्पुट दो
जिनमें बनता जीवन-मोती,
इसमें ढलते सब रंग-रूप
उसकी आभा स्पन्दन होती!
जो नभ में विद्युत्-मेघ बना वह रज में अंकुर हो निकला!

संसृति के प्रति पग में मेरी
साँसों का नव अंकन चुन लो,
मेरे बनने-मिटने में नित
अपनी साधों के क्षण गिन लो!
जलते खिलते बढ़ते जग में घुलमिल एकाकी प्राण चला!
सपने-सपने में सत्य ढला!

●

(56)

क्यों अश्रु न हों श्रृंगार मुझे!

रंगों के बादल निस्तरंग,
रूपों के शत-शत वीचि-भंग,
किरणों की रेखाओं में भर,
अपने अनन्त मानस पट पर,

तुम देते रहते हो प्रतिपल,
जाने कितने आकार मुझे!
हर छवि में कर साकार मुझे!

लघु हृदय तुम्हारा अमर छन्द,
स्पन्दन में स्वर-लहरी अमन्द,
हर स्वप्न स्नेह का चिर निबन्ध,
हर पुलक तुम्हारा भाव-बन्ध,

निज साँस तुम्हारी रचना का
लगती अखण्ड विस्तार मुझे!
हर पल रस का संसार मुझे!

मेरी मृदु पलकें मूँद-मूँद,
छलका आँसू की बूँद-बूँद,
लघुतम कलियों में नाप प्राण
सौरभ पर मेरे तोल गान,

बिन माँगे तुमने दे डाला,
करुणा का पारावार मुझे!
चिर सुख-दुख के दो पार मुझे!

मैं चली कथा का क्षण लेकर,
मैं मिली व्यथा का कण देकर,
इसको नभ ने अवकाश दिया,
भू ने इसको इतिहास किया,

अब अणु-अणु सौंपे देता है
युग-युग का संचित प्यार मुझे!
कहकर पाहुन सुकुमार मुझे!

रोके मुझको जीवन अधीर,
दृग-ओट न करती सजग पीर,
नूपुर से शत-शत मिलन-पाश,
मुखरित, चरणों के आस-पास,

हर पग पर स्वर्ग बसा देती
धरती की नव मनुहार मुझे!
लय में अविराम पुकार मुझे
क्यों अश्रु न हों शृंगार मुझे!

●

(57)

पथ मेरा निर्वाण बन गया।
प्रति पग शत वरदान बन गया।

आज थके चरणों ने सूने तम में विद्युत्-लोक बसाया,
बरसाती है रेणु चाँदनी की यह मेरी धूमिल छाया,
प्रलय मेघ भी गले मोतियों का हिम-तरल उफान बन गया!

अंजन-वदना चकित दिशाओं ने चित्रित अवगुण्ठन डाले,
रजनी ने मरकत-वीणा पर हँस किरणों के तार सँभाले
मेरे स्पन्दन से झंझा का हर-हर लय-सन्धान बन गया!

पारद-सी गल हुईं शिलाएँ दुर्गम नभ चन्दन आँगन-सा,
अंगराग घनसार बनी रज, आतप सौरभ-आलेपन-सा,
शूलों का विष मृदु कलियों के नव मधुपर्क समान बन गया!

मिट-मिटकर हर साँस लिख रही शत-शत मिलन-विरह का लेखा,
निज को खोकर निमिष आँकते अनदेखे चरणों की रेखा!
पल भर का वह स्वप्न तुम्हारी युग-युग की पहचान बन गया!

देते हो तुम फेर हास मेरा निज करुणा-जलकणमय कर,
लौटाते हो अश्रु मुझे तुम अपनी स्मित के रंगों से भर,

आज मरण का दूत तुम्हें छू
मेरा पाहुन प्राण बन गया।

●

(58)

पूछता क्यों शेष कितनी रात?

अमर सम्पुट में ढला तू
छू नखों की कान्ति चिर संकेत पर जिनके जला तू,
स्निग्ध सुधि जिनकी लिये कज्जल-दिशा में हँस चला तू!
परिधि बन घेरे तुझे वे उँगलियाँ अवदात!

झर गये खद्योत सारे,
तिमिर-वात्याचक्र में सब पिस गये अनमोल तारे,
बुझ गयी पवि के हृदय में काँपकर विद्युत्-शिखा रे
साथ तेरा चाहती एकाकिनी बरसात!

व्यंग्यमय है क्षितिज-घेरा
प्रश्नमय हर क्षण निठुर-सा पूछता परिचय बसेरा,
आज उत्तर हो सभी का ज्वालवाही श्वास तेरा!
छीजता है इधर तू उस ओर बढ़ता प्रात!

प्रणत लौ की आरती ले,
धूम-लेखा स्वर्ण-अक्षत नील-कुमकुम वारती ले,
मूक प्राणों में व्यथा की स्नेह-उज्ज्वल भारती ले,
मिल अरे बढ़, आ रहे यदि प्रलय झंझावात!
कौन भय की बात?
पूछता क्यों शेष, कितनी रात?

●

(59)

तू भू के प्राणों का शतदल!
सित क्षीर-फेन हीरक-रज से
जो हुए चाँदनी में निर्मित,
पारद की रेखाओं में चिर
चाँदी के रंगों से चित्रित,
खुल रहे दलों पर दल झलमल!

सपनों से सुरभित दृगजल ले
धोने मुख निज रजनी आती,
उड़ते रंगों के अंचल से
फिर पोंछ उषा सन्ध्या जाती,
तू चिर विस्मित तू चिर उज्ज्वल!

झीने मृदु स्वर्णिम तारों-सी
किरणों के मिस केसर झरती,
हल्के आतप में रस-भीनी
शतरंगी रज बरसा करती,
निर्झर में बहता मधु अविरल!

सीपी से नीलम से द्युतिमय,
कुछ पिंग अरुण कुछ सित श्यामल,

कुछ सुख-चंचल कुछ दुख-मन्थर
फैले तम से कुछ तूल तरल
मँडराते शत-शत अलि-बादल!

युगव्यापी अनगिन जीवन के
अर्चन से हिम-शृंगार किये,
पल-पल विहसित क्षण-क्षण विकसित
बिन मुरझाये उपहार लिये,
घेरे है तू नभ के पद तल!

ओ पुलकाकुल, तू दे दिव को
नत भू के प्राणों का परिचय,
कम्पित उर विजड़ित अधरों की
साधों का चिरजीवित संचय,
तू वज्र-कठिन किसलय-कोमल!

तू भू के प्राणों का शतदल!

(60)

पुजारी दीप कहीं सोता है!

जो दृग दानों के आभारी,
उर वरदानों के व्यापारी,
जिन अधरों पर काँप रही है,
अनमाँगी भिक्षाएँ सारी,
वे थकते, हर साँस सौंप देने को यह रोता है!

कुम्हला चले प्रसून सुहासी,
धूप रही पाषाण समा-सी,
झरा धूल-सा चन्दन, छायी,
निर्माल्यों में दीन उदासी,
मुस्कानें बन लौट रहे यह जितने पल खोता है!

इस चितवन की अमिट निशानी,
अंगारे का पारस पानी,
इसको छूकर लौह-तिमिर,
लिखने लगता है स्वर्ण-कहानी!
किरणों के अंकुर बनते यह जो सपने बोता है!

गर्जन के शंखों से होके,
आने दो झंझा के झोंके,
खोलो रुद्ध झरोखे, मन्दिर
के न रहो द्वारों को रोके।
हर झोंके पर प्रणत, इष्ट के धूमिल पग धोता है!

लय-छन्दों में जग बँध जाता,
सित घन-विहग पंख फैलाता,
विद्रुम के रथ पर आता दिन
जब मोती की रेणु उड़ाता,
उसकी स्मित का आदि, अन्त इसके पथ का होता है!

●

(61)

सजल है कितना सवेरा!

गहन तम में जो कथा इसकी न भूला,
अश्रु उस नभ के, चढ़ा शिर फूल फूला,
झूम-झुक-झुक कह रहा 'हर श्वास तेरा'!

राख से अंगार-तारे झर चले हैं,
धूम-बन्दी रंग के निर्झर खुले हैं,
खोलता है पंख रूपों में अँधेरा!

कल्पना निज देखकर साकार होते
और उसमें प्राण का संचार होते,
सो गया रख तूलिका दीपक-चितेरा!

अलम पलकों से पता अपना मिटाकर,
मृदुल तिनकों में व्यथा अपनी छिपाकर,
नयन छोड़े स्वप्न ने, खग ने बसेरा!

ले उषा ने किरण-अक्षत हास-रोली,
रात अंकों से पराजय-रेख धो ली,
राग ने फिर साँस का संसार घेरा!

●

(62)

अलि मैं कण-कण को जान चली
सबका क्रन्दन पहचान चली!

जो दृग में हीरक-जल भरते,
जो चितवन इन्द्रधनुष करते,
टूटे सपनों के मनकों से
जो सूखे अधरों पर झरते!

जिस मुक्ताहल से मेघ भरे,
जो तारों से तृण में उतरे,
मैं नभ के रज के रस-विष के
आँसू के सब रँग जान चली!
दुख को कर सुख-आख्यान चली!

जिसका मीठा-तीखा दंशन,
अंगों में भरता सुख-सिहरन,
जो पग में चुभकर कर देता,
जर्जर मानस चिर आहत मन,

जो मृदु फूलों के स्पन्दन से,
जो पैना एकाकीपन से,

मैं उपवन निर्जन पथ के हर
कण्टक का मृदु मन जान चली!
गति का दे चिर वरदान चली!

जो जल में विद्युत्-प्यास भरा,
जो आतप में जल-जल निखरा,
जो झरते फूलों पर देता
निज चन्दन-सी ममता बिखरा,

जो आँसू से धुल-धुल उजला,
जो निष्ठुर चरणों का कुचला,
मैं मरु उर्वर में कसक भरे
अणु-अणु का कम्पन जान चली,
प्रति पग को कर लयवान चली।

नभ मेरा सपना स्वर्ण-रजत,
जग संगी अपना चिर विस्मित
यह शूल-फूल का चिर नूतन
पथ मेरी साधों से निर्मित!

इन आँखों के रस से गीली!
रज भी है दिव से गर्वीली!
मैं सुख से चंचल दुख-बोझिल
क्षण-क्षण का जीवन जान चली!
मिटने को कर निर्माण चली!

●

(63)

यह विदा वेला!
अर्चना-सी आरती-सी यह विदा वेला।

धूलि की लघु वीण ले छू तार मृदु तृण के लचीले,
चुन सभी बिखरे कथा-कण हास-भीने अश्रु-गीले,
गीत मधु के, राग घन के, युग विरह के क्षण मिलन के,
गा लिये जिसने सभी स्वर नमित भू उन्नत गगन के,
साथ जिसकी उँगलियों के सृजन-पारावार खेला,
आज अभिनव लयवती उसकी विदा-वेला।
अमर वेला।

पंख पर आरोह के चिर सत्य के उपहार घूमे,
पुलिन पा अवरोह के रस-रूप-रँग के ज्वार झूमे,
शरद्-स्मित-सी दूध धोयी, अतल मधु जल में भिगोयी,
आँसुओं के कुन्द वन-सी रागिनी पल भर न सोयी!
कण्ठ में जिसके हुआ है हर चिरन्तन स्वर नवेला।
यह उसी की मूर्च्छना-शिञ्जित विदा-वेला।
अमर वेला।

तप बना आकाश विस्तृत साधना सुख का सवेरा,
सान्ध्य-रंगों से भरा अनुराग था सब का बसेरा,
गीत में जय घोष भी था हास में आलोक भी था।
शक्ति-झंझा में बसा नवनीत हिम का लोक भी था।
बह चली करुणा-सरित ले साथ अपने तड़ित् वेला।
वीण-नन्दित, शंख-वन्दित यह विदा-वेला।
अमर वेला।

धीर वट की दी न नीप अशोक मन-विश्राम की दी,
ज्वाल में उसने हमें नित छाँह प्रेमिल प्राण की दी!
छबि धरा की ले नयन में भर व्यथा के छन्द मन में,
बाँध आकुल विश्व का सन्देश सब प्रस्थान-क्षण में,
मृत्यु के चिर श्याम अंचल में चला करने उजेला।
यह उसी आलोकवाही की विदा-वेला।
अमर वेला।

वह चला जिसके पगों ने शूल फूल बना समेटे,
वह चला जिसके दृगों ने सत्य कर-कर स्वप्न भेंटे;
पुलक से सब क्षण बसाये साँस से कण-कण मिलाये,
अमर अंकुर साध के चिर प्यास के मरु में उगाये,
अंक जिसके रह गये बन दीपकों का एक मेला।
आज दीपाली हुई उसकी विदा-वेला।
अमर वेला।

जो क्षितिज के पार पहुँचे ओ विहग! वह लय मिलाओ,
भर दिशाएँ शून्य छलकाकर सुमन! साँसें लुटाओ,
दीन अब चातक न बोले वात घायल-सी न डोले,
बढ़ अलक्षित तीर छू ले धीर सागर आज हौले;
अब चला गायक धरा का हँस अमर पथ में अकेला!
ध्वनित अन्तिम चाप से उसकी विदा-वेला।
अमर वेला।

सौंप दी वह वीण उसने रिक्त कर ली आज झोली,
सब लुटाकर सिद्धियाँ पुलकित करों से नाव खोली,
मत कहो 'निस्पन्द तम है, वह अमर तट चिर अगम है',
प्राण में संकल्प उसकी भृकुटियों पर दीप्त श्रम है!
बन्धनों की चाह से वह मुक्ति-पथ में भी दुकेला;
अजर वरदानी अतिथि की यह विदा-वेला।
अमर वेला।

जग उठे मधुमास बन पतझार सब जिसके सहारे,
आज क्या प्रतिदान में देंगे उसे दो बूँद खारे?
कलश जीवन स्नेह जल हो हर नयन शतदल कमल हो,
'पन्थशुभ' 'निश्वास औ' साँसें कहें 'चिर मिलन पल हो'।
भेंट में उसको हृदय विश्वास का संसार दे ला!
स्वर्ग भू की सन्धि-सी है यह विदा-वेला।
अमर वेला।

स्वर निमन्त्रित हम चले कब सुन कथा का शेष पाया,
चाप से आहूत पहचाने न पथ का अन्त आया,
स्वस्ति जीवन के पुजारी! स्वस्ति सत् चित्-पन्थ चारी!
स्वस्ति यह सुधि पा जिसे हमने विरह का भार झेला!
यह तुम्हारे हास से रञ्जित विदा-वेला।
यह हमारे अश्रु से सिञ्चित विदा-वेला।
अमर वेला।[1]

●

1. रवीन्द्र के महाप्रस्थान पर

(64)

नहीं हलाहल शेष, तरल ज्वाला से अब प्याला भरती हूँ।
विष तो मैंने पिया, सभी को व्यापी नीलकण्ठता मेरी;
घेरे नीला ज्वार गगन को बाँधे भू को छाँह अँधेरी;
सपने जमकर आज हो गये चलती-फिरती नील शिलाएँ,

आज अमरता के पथ को मैं
जलकर उजियाला करती हूँ।

हिम से सीझा है यह दीपक आँसू से बाती है गीली;
दिन से धनु की आज पड़ी है क्षितिज-शिञ्जिनी उतरी ढीली,
तिमिर-कसौटी पर पैना कर चढ़ा रही मैं दृष्टि-अग्निशर,

आभाजल में फूट बहे जो
हर क्षण को छाला करती हूँ।

पग में सौ आवर्त बाँधकर नाच रही घर-बाहर आँधी
सब कहते हैं यह न थमेगी, गति इसकी न रहेगी बाँधी,
अंगारों को गूँथ बिजलियों में, पहना दूँ इसको पायल,

दिशि-दिशि को अर्गला
प्रभञ्जन ही को रखवाला करती हूँ!

क्या कहते हो अन्धकार ही देव बन गया इस मन्दिर का?
स्वस्ति! समर्पित इसे करूँगी आज 'अर्घ्य अंगारक-उर का!
पर यह निज को देख सके औ' देखे मेरा उज्ज्वल अर्चन,

इन साँसों को आज जला मैं
लपटों की माला करती हूँ।

नहीं हलाहल शेष, तरल ज्वाला से मैं प्याला भरती हूँ।

●

(65)

हे धरा के अमर सुत! तुमको अशेष प्रणाम!
जीवन के अजस्त्र प्रणाम!
मानव के अनन्त प्रणाम!

दो नयन तेरे धरा के अखिल स्वप्नों के चितेरे,
तरल तारक की अमा में बन रहे शत-शत सवेरे,
पलक के युग शुक्ति-सम्पुट मुक्ति-मुक्ता से भरे ये,
सजल चितवन में अजर आदर्श के अंकुर हरे ये,
विश्व जीवन के मुकुर दो तिल हुए अभिराम!
चल क्षण के विराम! प्रणाम!

वह प्रलय उद्दाम के हित अमिट वेला एक वाणी,
वर्णमाला मनुज के अधिकार की भू की कहानी,
साधना अक्षर अचल विश्वास ध्वनि-संचार जिसका,
मुक्त मानवता हुई है अर्थ का संसार जिसका,
जागरण का शक-स्वन, वह स्नेह-वंशी-ग्राम।
स्वर-छान्दस् विशेष! प्रणाम!

साँस का यह तन्तु है कल्याण का निःशेष लेखा,
घेरती है सत्य के शत रूप सीधी एक रेखा,
नापत विश्वास बढ़-बढ़ लक्ष्य है अब दूर जितना,

तोलते हैं श्वास चिर संकल्प का पाथेय कितना?
साथ कण-कण की सँभाले कम्प एक अकाम!
नित साकार श्रेय! प्रणाम!

कर युगल बिखरे क्षणों की एकता के पाश जैसे,
हार के हित अर्गला, तप-त्याग के अधिवास जैसे,
मृत्तिका के नाल जिन पर खिल उठा अपवर्ग-शतदल,
शक्ति की पवि-लेखनी पर भाव की कृतियाँ सुकोमल,
दीप-लौ-सी उँगलियाँ तम-भार लेतीं थाम!
नव आलोक-लेख! प्रणाम!

स्वर्ग ही के स्वप्न का लघुखण्ड चिर उज्ज्वल हृदय है,
काव्य करुणा का, धरा की कल्पना ही प्राणमय है,
ज्ञान की शत रश्मियों से विच्छुरित विद्युत्-छटा-सी,
वेदना जग की यहाँ है स्वाति की क्षणदा घटा-सी,
टेक जीवन-राग की उत्कर्ष का चिर याम!
दुख के दिव्य शिल्प! प्रणाम!

युग चरण दिव औ' धरा की प्रगति-पथ में एक कृति है,
न्यास में यति है सृजन की, चाप अनुकूला नियति है,
अंक हैं रज-अमरता के सन्धि-पत्रों की कथाएँ,
मुक्त गति में जय चली, पग से बँधी जग की व्यथाएँ,
यह अनन्त क्षितिज हुआ इनके लिए विश्राम!
संसृति-सार्थवाह! प्रणाम!

शेष शोणित-बिन्दु नत भू भाल पर है दीप्त-टीका,
यह शिराएँ शीर्ण रसमय कर रहीं स्पन्दन सभी का,
ये सृजनजीवी, वरण से मृत्यु के कैसे बनी है?

चिर सजीव दधीचि! तेरी अस्थियाँ सञ्जीवनी हैं!
स्नेह की लिपियाँ दलित की शक्तियाँ उद्दाम!
इच्छाबद्ध मुक्त! प्रणाम!

चीरकर भू-व्योम को प्राचीर हों तम की शिलाएँ,
अग्निशर-सी ध्वंस की लहरें जला दें पथ-दिशाएँ,
पग रहे सीमा, बने स्वर रागिनी सूने निलय की,
शपथ धरती की तुझे औ' आन है मानव हृदय की,
यह विराग हुआ अमर अनुराग का परिणाम!
हे असिधार-पथिक! प्रणाम!

शुभ्र हिम-शतदल-किरीटिनि, किरण-कोमल-कुन्तला जो,
सरित-तुंग-तरंगमालिनि, मरुत-चचल-अंचला जो,
फेन-उज्ज्वल अतल सागर चरणपीठ जिसे मिला है,
आतपत्र रजत-कनक-नभ चलित रंगों से धुला है,
पा तुझे यह स्वर्ग की धात्री प्रसन्न प्रकाम!
मानव वर! असंख्य प्रणाम![1]

● ● ●

---

1. बापू को प्रणाम।